C. H. Spurgeon · Betet ohne Unterlaß

Charles Haddon Spurgeon

Betet ohne Unterlaß

Gedanken und Predigten über das Reden mit Gott

Oncken Verlag Wuppertal und Kassel

Umschlaggestaltung: Ralf Rudolph, Ratingen
Gesamtherstellung: Breklumer Druckerei Manfred Siegel

ISBN 3-7893-7108-4

Das Gebet nimmt tiefe Züge der Liebe und Gnade Gottes ein,
und dann atmet das Lob sie wiederum aus.
Gebet ist der Odem des Glaubens.

INHALT

I. Das Gebet, von Lobpreis durchduftet

oder: **Der Flügel des Gebets ist der Dank**

»In allen Dingen lasset eure Bitte im Gebet und Flehen mit Danksagung vor Gott kund werden.«   Philipper 4, 6

Nach diesem Text sollen wir sowohl durch Gebet als auch durch Flehen unsere Bitte vor Gott kund werden lassen. Das bedeutet wohl: Wir sollen das allgemeine Gebet darbringen, das allen Heiligen gemeinsam ist, und wir sollen dazu unsere besonderen und bestimmten Bitten fügen. Wir sollen Gott verehren im Gebet, denn Gott soll von all seinen Heiligen angebetet werden, und dann sollen wir um seine Gaben nachsuchen, mit den Worten unseres Textes: unsere Bitte im Flehen vor Gott kund werden lassen.

Vergeßt nicht diese zweite Form! Es gibt sehr viel Verallgemeinerung im Gebet, und Gott verhüte, daß wir ein Wort dagegen sagen sollten, soweit es aufrichtige Gottesverehrung ist; aber wir brauchen mehr bestimmte, ins einzelne gehende Bitten vor Gott, ihn um dies oder das zu ersuchen mit einer klaren Erkenntnis dessen, um das wir bitten. Man hört Gebete in den Betstunden, in welchen alles im Allgemeinen erbeten wird, aber nichts im Besonderen, und doch wird die Wirklichkeit und Herzlichkeit des Gebets oft am besten kund durch das Bitten um bestimmte Segnungen. Seht, wie Abraham, wenn er den Herrn verehrte, ihn nicht nur anbetete und ihn allgemein bat, seine Herrlichkeit zu zeigen, sondern bei einer Gelegenheit flehte er um den verheißenen Erben, ein andermal rief er: »Oh, daß Israel leben mochte vor dir!« und bei anderer Gelegenheit tat er Fürbitte für Sodom. Elia betete auf dem Gipfel des Karmel nicht um alle Segnungen der Vorsehung im Allgemeinen, sondern um Regen, um Regen dort und dann. Er wußte, worauf es ankam, blieb bei der Sache und siegte.

Meine Freunde, wir haben viele Bedürfnisse, die drückend genug sind, um sehr bestimmt und genau begrenzt zu sein, und wir sollten gerade so viele klar bestimmte Bitten haben, die wir Gott darbringen, und sind verpflichtet, den göttlichen Antworten darauf mit eifriger Erwartung entgegenzusehen, so daß wir, wenn wir sie empfangen, den Herrn erheben mögen.

Der Punkt, auf den ich eure Aufmerksamkeit lenken will, ist: Ob es das allgemeine Gebet oder die besondere Bitte ist, wir sollen jedes oder beides »mit Danksagung« darbringen. Da wir ohne Unterlaß beten und nicht ohne Danksagung beten sollen, so ist es klar, daß wir stets bereit sein müssen, dem Herrn Dank zu sagen. Wir müssen mit dem Psalmisten sprechen: »Ich will dich loben mein Leben lang und meine Hände in deinem Namen aufheben.« Der beständige Grundton und Geist unseres Lebens sollte anbetende Dankbarkeit, Liebe, Ehrfurcht und Lobpreisung des Höchsten sein.

Auch wenn das Gebet sich aus der Tiefe hervorringen sollte, müßten doch seine Flügel mit Danksagung versilbert sein. Ob das Gebet auch an der Schwelle des Todes getan würde, sollten doch in den letzten wenigen Worten, welche die zitternden Lippen hervorbringen können, Töne der Dankbarkeit in dem Worte der Bitte sein. Das Gesetz sagt: »In all deinen Opfern sollst du Salz opfern«; und das Evangelium sagt: »In all deinen Gebeten sollst du Lob opfern.« »Alles zu seiner Zeit«, heißt ein weises Sprichwort; aber diesmal muß ich wagen, ihm zu widersprechen, und sagen, daß zwei Dinge zur gleichen Zeit besser sind, nämlich wenn diese zwei Bitte und Dank sind.

Diese beiden heiligen Ströme fließen aus einer gemeinsamen Quelle, dem Geist des Lebens, der in uns wohnt, und es sind Äußerungen derselben heiligen Gemeinschaft mit Gott. Es ist daher recht, daß sie sich im Dahinfließen vermischen und in der gleichen heiligen Übung Ausdruck finden. Bitten und Danken gehen so natürlich ineinander über, daß es schwer sein würde, sie auseinander zu halten; verwandten Farben gleich spielt das eine ins's andere hinüber.

Es gibt einen Ausruf, der sicherlich Bitte ist, aber als Lobpreis gebraucht wird und wirklich beides ist. Ich meine jenes freudenvolle hebräische Wort, das in alle christlichen Sprachen übergegangen ist: »Hosianna.« Ist es Gebet? Ja: »Gib Heil,

Herr.« Ist es nicht Lobpreis? Ja, denn es ist gleichbedeutend mit: »Heil sei dir«, und wird gebraucht, den Sohn Davids zu erheben. So lange wir hier auf Erden sind, sollten wir nie versuchen, einen Unterschied zwischen Gebet und Lobpreis zu machen: daß wir preisen, ohne zu beten, oder beten, ohne zu preisen. Da gab es im Alten Bund das heilige Rauchwerk der Stiftshütte, den Rauch des Gebets, welcher das Heiligtum erfüllte, aber damit verbunden war der liebliche Duft ausgewählter Gewürze, die mit dem Lobpreis verglichen werden können. Gebet und Lobpreis sind wie die zwei Cherubim auf der Bundeslade, sie dürfen nie getrennt werden.

In dem Muster des Gebets, das unser Heiland uns gegeben hat, indem er sprach: »Darum sollt ihr also beten«, ist der Anfang mehr Lobpreis als Gebet: »Unser Vater, der du bist im Himmel, geheiligt werde dein Name«, und der Schluß ist Lobpreis: »denn dein ist das Reich und die Kraft und die Herrlichkeit in Ewigkeit. Amen.« David, der große Lehrer und das Vorbild der Kirche in ihrer Gottesverehrung, zugleich ihr Dichter und ihr Prediger, sorgt fast in jedem Psalm dafür, auch wenn das Flehen angstvoll ist, auserlesenen Lobpreis damit zu verbinden. Nehmt z. B. jenen Psalm nach seiner großen Sünde mit Bathseba. Da, möchte man denken, bei so vielen Seufzern, Stöhnen und Tränen hätte er fast vergessen oder sich gefürchtet, Dank darzubringen, während er unter dem Eindruck des Zorns zitterte; und doch, ehe der Psalm mit dem Beginn »Gott, sei mir gnädig« zum Schlusse kommen kann, sagt der Psalmist: »Herr, tue meine Lippen auf, daß mein Mund deinen Ruhm verkündige«, und er kann nicht das letzte Wort schreiben, ohne den Herrn zu bitten, die Mauern Jerusalems zu bauen, und das Versprechen hinzuzufügen: »Dann werden dir gefallen rechte Opfer, Brandopfer und Ganzopfer; dann wird man Stiere auf deinem Altar opfern.«

Ich brauche mich nicht dabei aufzuhalten, andere Beispiele anzuführen, aber es ist fast immer der Fall, daß David sich bei dem Feuer des Gebets ins Lobpreisen hinein wärmt. Er beginnt niedrig, mit manchem gebrochenen Klageton, aber er steigt auf und glüht und singt gleich der Lerche, indem sie sich emporschwingt. Wenn seine Harfe zuerst noch verhüllt ist, so schlägt er einige traurige Töne an und wird erregt, bis er seine Hand nicht mehr von jener wohlbekannten und gewohnten Saite zurückzuhalten vermag, die er den Tönen des Preises allein vorbehält.

Es gibt eine Stelle im 18. Psalm, die denselben Gedanken enthält: »Ich rufe an den Herrn, der würdig ist, gepriesen zu werden: so werde ich von meinen Feinden errettet.« Er beschreibt seinen Zustand so: »Des Todes Bande umfingen mich und die Bäche Belials erschreckten mich. Der Hölle Bande umfingen mich und des Todes Stricke überwältigten mich.« Von großer Not getrieben, will er den Herrn anrufen, d. h. bitten; aber er betrachtet seinen Gott nicht allein als den, der um etwas gebeten wird, sondern als einen, der gepriesen werden soll. »Ich will den Herrn anrufen, der würdig ist, geprießen zu werden«; und dann, als wenn ihm eingegeben wäre, uns zu belehren, daß die Verbindung des Dankes mit dem Gebet dieses unfehlbar wirksam mache, wie ich euch das auch zu zeigen haben werde, fügt er hinzu: »So werde ich von meinen Feinden errettet.«

Wenn diese Gewohnheit, Danksagung mit Bitten zu vereinen, bei alttestamentlichen Heiligen sich findet, so haben wir ein Recht, sie noch mehr bei neutestamentlichen Gläubigen zu erwarten, die im hellen Licht neue Gründe zum Dank erblikken. Aber ich will euch kein Beispiel geben als das des Apostels Paulus. Beachtet, wie häufig er seine Briefe mit einer Mischung von Bitte und Dank beginnt.

Schlagt den Römerbrief auf und seht im ersten Kapitel in den Versen 8 und 9 diese Mischung der kostbaren Metalle: »Aufs erste danke ich meinem Gott durch Jesum Christ euer aller halben, daß man von eurem Glauben in aller Welt sagt. Denn Gott ist mein Zeuge, welchem ich diene in meinem Geist am Evangelium von seinem Sohn, daß ich ohne Unterlaß euer gedenke in meinem Gebet.«

Da steht: »Ich danke meinem Gott«, und: »Ich gedenke euer ohne Unterlaß in meinem Gebet.« Es war dem Paulus natürlich, Gott zu danken, wenn er betete.

Lest Kolosser 1, 3: »Wir danken Gott und dem Vater unsers Herrn Jesu Christi, und beten allezeit für euch.«

Ebenso 2. Thessalonicher 1, 2: »Wir danken Gott allezeit für euch alle und gedenken euer in unserm Gebet ohne Unterlaß.«

Lest auch 2. Timotheus 1, 3. – »Ich danke Gott, dem ich diene von meinen Voreltern her in reinem Gewissen, daß ich ohne Unterlaß deiner gedenke in meinem Gebet Tag und Nacht.«

Und wenn es in anderen Episteln so ist, wundern wir durchaus uns nicht, es so in dem Philipperbrief selbst zu finden, Kapitel 1, Vers 3 und 4: »Ich danke meinem Gott, so oft ich euer gedenke, allezeit in allem meinen Gebet für euch alle und tue das Gebet mit Freuden.« Ich brauche mich gar nicht auf die Sprache der Briefe Pauli zu beschränken: In Philippi selbst (und die, an welche er schrieb, müssen den Vorfall gekannt haben) beten Paulus und Silas um Mitternacht und lobten, so daß die Gefangenen sie hörten. Es ist klar, daß Paulus beständig tat, was er hier dringend empfiehlt. Seine eigenen Gebete wurden nicht ohne Danksagung dargebracht; was Gott zusammengefügt hatte, das schied er niemals.

Dies als Einleitung vorab fordere ich euch nun auf, sorgsam und mit Gebet zu betrachten: 1. die Gründe für die Danksagung im Gebet; 2. die üblen Folgen ihres Fehlens und 3. das Resultat ihres Vorhandenseins.

1. Gründe für die Danksagung

Es gibt Gründe für das Verbinden der Danksagung mit dem Gebet. Wir haben reichlich Ursache, allezeit Dank zu sagen. Wir kommen nicht zu Gott im Gebet, als hätte er uns ganz und gar ohne einen Pfennig gelassen, und als schrien wir wie verhungernde Gefangene durch die Kerkergitter hindurch zu ihm. Wir bitten nicht, als wenn wir noch nie einen Pfennig von Gott erhalten hätten und kaum dächten, daß wir jetzt etwas empfangen würden; sondern im Gegenteil: Da wir schon unermeßlich viele Gnaden erhalten, so kommen wir zu einem Gott, der reich an Freundlichkeit ist, der willig ist, uns gute Gaben zu verleihen, und darauf wartet, gnädig zu sein. Wir kommen nicht zum Herrn wie Sklaven zu einem gefühllosen Tyrannen, um eine Wohltat bettelnd, sondern wie Kinder, die sich einem liebenden Vater nahen in der Erwartung, reichlich von seiner freigebigen Hand zu empfangen. Dankbarkeit ist deshalb die rechte Stimmung, in der wir vor den Gott kommen sollten, der uns täglich mit Wohltaten überhäuft. Überlegt eine Weile, was für Ursache ihr zum Danken im Gebet habt.

Zuerst: daß Gebet überhaupt möglich ist, daß ein endliches Geschöpf mit dem unendlichen Schöpfer zu sprechen vermag, daß ein sündiges Wesen bei dem dreimal heiligen Gott Gehör finden kann. Es ist der Danksagung wert, daß Gott das Gebet befohlen hat und uns ermutigt, ihm zu nahen; und daß er überdies alles bereitet hat, was zu dieser heiligen Übung nötig ist. Er hat »Christus Jesus für den Glauben hingestellt in seinem Blut als Sühnopfer« (Römer 3, 25), hat einen Hohenpriester gegeben, der immerdar lebt und für uns bittet (Hebräer 7, 25); und dazu den Heiligen Geist, der unserer Schwachheit aufhilft und uns lehrt, zu beten, wie es sich gebührt (Römer 8, 26).

Alles ist bereit, und Gott wartet nur darauf, daß wir es von seiner Hand erbitten sollen.

Er hat nicht nur uns eine Tür aufgetan und uns eingeladen, hineinzugehen, sondern hat uns den rechten Geist gegeben, womit wir uns nahen sollen. Die Gnade des Gebets ist auf uns ausgegossen und in uns durch den Heiligen Geist gewirkt. Was für ein Segen ist es, daß wir nicht aufs Geratewohl das Gebet versuchen, als wenn wir ein zweifelhaftes Experiment machten, und daß wir auch nicht hoffnungslos vor Gott kommen, in verzweifelnder Furcht, daß er nicht auf unsern Ruf hören will; sondern daß er das Gebet als den üblichen Verkehr zwischen Himmel und Erde verordnet und dies in der feierlichsten Weise bekräftigt hat. Das Gebet kann zum Himmel aufklimmen, denn Gott selbst hat die Leiter bereitgestellt, sie gerade beim Haupte seines einsamen Jakob niedergesetzt, so daß dies Haupt, wenn es auch einen Stein als Kissen hat, doch in Frieden ruhen kann. Seht, auf der Spitze der Leiter steht der Herr selber als Bundesgott, empfängt unsere Bitten und sendet seine dienenden Engel mit Antworten auf unsere Gebete. Sollen wir Gott nicht dafür loben?

Laßt uns seinen Namen preisen, liebe Freunde, auch besonders dafür, daß ihr und ich noch am Leben erhalten sind und wir beten können und dürfen. Sind wir auch in großer Trübsal, so ist es doch des Herrn Gnade, daß wir nicht ganz verzehrt sind. Wenn wir erhalten hätten, was wir verdient haben, so wären wir jetzt nicht in der Lage, zu beten und ihn zu bitten. So soll es unser Trost sein und zu Gottes Preis dienen, daß wir stets noch mit gebeugtem Haupte stehen können und rufen: »Gott, sei mir Sünder gnädig.« Noch dürfen wir schreien wie der sinkende Petrus: »Herr, hilf mir oder ich verderbe.« Wie David mögen wir unfähig sein, hinauf zum Tempel zu gehen, aber wir können immer noch zu Gott im Gebet gehen. Der verlorene Sohn hat sein Vermögen verloren, aber nicht seine Fähigkeit, zu bitten. Er hat die Säue gehütet, aber bis jetzt ist er noch ein Mensch und imstande, Wünsche und Bitten zu äußern. Er mag seinen Vater vergessen haben, aber sein Vater hat ihn nicht vergessen; er kann sich aufmachen und kann zu ihm gehen und sein Herz in seines Vaters Herz ausschütten. Deshalb laßt uns Gott Dank bringen, daß er uns nirgends gesagt hat: »Ihr sollt mein Angesicht vergeblich suchen.«

Wenn wir den Wunsch spüren, mit Zittern in unserm Herzen zu beten, und wenn wir ein wenig, vielleicht fast erloschene Hoffnung auf die Verheißung unsers gnädigen Gottes fühlen, wenn unser Herz immer noch nach Gott und nach Heiligkeit seufzt, obgleich es seine Kraft verloren, mit freudiger Zuversicht zu beten wie früher, so laßt uns dennoch dankbar sein, daß wir zu beten imstande sind, auch wenn es nur wenig ist. In dem Willen und der Möglichkeit zu beten liegt die Fähigkeit, unendlicher Segnungen teilhaftig zu werden. Wer den Schlüssel des Gebetes hat, kann den Himmel öffnen, ja, er hat Zugang zum Herzen Gottes. Deshalb lobt Gott für das Gebet.

Und dann, Geliebte, außer dem Gebet und unserer Macht, es zu üben, ist es ein weiterer Grund zur Danksagung, daß wir schon große Gnaden von Gottes Hand empfangen haben. Wir kommen nicht zu Gott, um Gaben zu erbitten und sie zum ersten Male in unserem Leben zu empfangen. Selbst wenn er mir nie eine weitere Gunst gewährte, so habe ich, gelobt sei sein Name, genug, um ihm zu danken, so lange ich lebe. Außerdem müssen wir daran gedenken, daß, wie große Dinge wir auch erflehen, es uns doch nicht möglich ist, um nur halb so große Segnungen zu bitten, wie die, welche wir schon empfangen, wenn wir in der Tat seine Kinder sind. Wenn du ein Christ bist, so hast du Leben in Christus. Willst du um Brot und Kleidung bitten? Das Leben ist mehr als diese. Du hast schon Christus empfangen, und Gott, der seiner nicht schonte, wird dir nichts versagen. Ist irgend etwas den unendlichen Reichtümern zu vergleichen, die in Christus Jesus schon unser sind? Laßt uns immer und immer wieder unserem Wohltäter danken für das, was wir haben, während wir um mehr bitten. Sollte nicht das reichliche Lob seiner großen Güte überfließen in unsere Bitten hinein, bis sie in Dankbarkeit eingetaucht sind? Während wir vor Gott in einer Hinsicht mit leeren Händen kommen, so sollten wir in anderer Hinsicht nie leer vor ihm erscheinen, sondern mit dem Fetten unserer Opfer kommen, Preis darbringen und Gott die Ehre geben.

Auch daran sollten wir denken: Wenn wir vor Gott in der Stunde der Not kommen und an seine große Güte uns gegenüber in der Vergangenheit denken und ihm deshalb danken, so sollten wir Glauben genug haben zu vertrauen, daß das gegenwärtige Leiden in Liebe gesandt ist. Ihr werdet Gott im Gebet überwinden, wenn ihr eure Trübsale in diesem Lichte anblikken könnt: – »Herr, ich habe diesen Dorn im Fleisch, ich bitte dich, befreie mich davon, aber mittlerweile lobe ich dich dafür. Denn obwohl ich nicht das Warum und Wozu verstehe, so bin ich überzeugt, daß Liebe darin ist. Deshalb, wenn ich dich auch bitte, ihn hinwegzunehmen, der mir ein Übel scheint, so lobe ich dich doch für das, worin er mir nach deiner besseren Erkenntnis zum Heil dient, und bin willig, ihn zu ertragen, so lange du es zweckmäßig findest.« Ist das nicht eine liebliche Art des Betens? »Herr, ich bin in Mangel, laß es dir gefallen, mich zu versorgen; aber mittlerweile, wenn du es nicht tust, so ist es besser für mich, bedürftig zu sein, und so preise ich dich für meinen Mangel, während ich dich bitte, mich zu versorgen. Ich rühme mich meiner Schwachheit, selbst während ich dich bitte, sie zu überwinden. Ich triumphiere vor dir in meiner Trübsal und lobe dich dafür, sogar während ich dich bitte, mir in ihr zu helfen und mich daraus zu erretten.« Dies ist eine königliche Art zu beten: solch ein Edelstein von Gebet und Danksagung ist wertvoller als Gold.

Ferner, Geliebte, geziemt es uns, Gott zu loben, daß das Gebet so viele Male früher erhört ist. »Ich beuge mich wiederum vor dir, um zu bitten, aber ehe ich das tue, danke ich dir, daß du mich so oft schon erhört hast. Ich weiß, du hörst mich allezeit, deshalb fahre ich immer noch fort, zu dir zu rufen. Meine Danksagungen treiben mich zu weiteren Bitten an, ermutigen mich zur vollen Zuversicht, daß du mich nicht leer schicken willst.« Viele der Güter, die wir heute besitzen und deren wir uns freuen, sind Gebetserhörungen. Sie sind uns lieb, weil sie wie Samuel, den seine Mutter so nannte, weil er »von Gott erbeten« war, uns als Antwort auf unser Flehen erteilt wurden. Wenn die Gaben so kommen, ist eine doppelte Freude dabei, nicht nur, weil sie an sich gut sind, sondern weil sie Zeugnisse dafür sind, daß Gott uns gnädig ist. Da Gott uns so oft erhört hat und wir Beweise davon besitzen, sollten wir je mit Murren und Klagen beten? Sollten wir nicht eher eine tiefe Freude fühlen, wenn wir uns dem Gnadenthron nahen, ein Entzücken, das durch die sonnigen Erinnerungen der Vergangenheit erweckt wird?

Auch sollten wir beten mit Danksagung in der höchsten aller Bedeutungen, indem wir Gott danken, daß wir im Glauben das Gut bereist haben, welches wir suchen. Ich wünschte, wir könnten diese hohe Tugend des Glaubens lernen. Als ich kürzlich mit Georg Müller, dem Waisenvater, sprach, setzte er mich oft in Erstaunen durch die Art, wie er erwähnte, daß er so viele Monate und Jahre lang um die und die Gabe gebeten und den Herrn dafür gepriesen hätte. Er lobte den Herrn, als wenn er sie schon wirklich erlangt habe. Selbst wenn er um die Bekehrung eines Menschen bäte, finge er, so bald er für diesen zu beten beginne, auch an, Gott für dessen Bekehrung desselben zu danken. Obgleich er in einem Fall schon seit dreißig Jahren gebetet habe und das Werk noch nicht geschehen sei, habe er doch die ganze Zeit über fortgefahren, Gott zu danken, weil er wisse, das Gebet würde erhört werden. Er glaubte, das Erbetene zu haben, und begann, dessen Geber zu erheben. Ist dies unvernünftig? Wie oft empfinden wir im voraus Dankbarkeit unter den Menschen! Wenn ihr einem Armen verspprächet, seine Miete zu bezahlen, wenn sie fällig wäre, so würde er euch sogleich danken, obwohl noch kein Pfennig aus eurer Tasche gekommen wäre. Wir haben Glauben genug an unsere Mitmenschen, ihnen im voraus zu danken, und gewiß könnten wir dasselbe mit unserm Herrn tun. Sollten wir nicht willig sein, Gott ein paar Monate und selbst ein paar Jahre voraus zu trauen, wenn seine Weisheit uns warten heißt? Dies ist die Art, bei ihm den Sieg zu gewinnen. Wenn ihr betet, so glaubt, daß ihr die Güter empfangen werdet, um die ihr bittet, und ihr werdet sie haben. »So ihr glaubet«, sagt die Schrift, »so werdet ihr es empfangen«. Wie eines Menschen Scheck für sein Geld steht, so laßt Gottes Verheißung als die Erfüllung gelten. Sollen die Banknoten des Himmels nicht für bares Geld gelten? Ja, wahrlich, sie sollen einen nicht in Frage gestellten Kurswert unter den Gläubigen haben. Wir wollen den Herrn loben, daß er uns gibt, was wir gesucht haben, da es eine Sache absoluter Gewißheit ist, daß wir es haben werden. Wir werden niemals Gott im Glauben danken und dann finden, daß wir getäuscht werden. Er hat gesagt: »Alles, was ihr bittet in eurem Gebet, glaubet nur, daß ihr es empfangen werdet, so wird es euch werden.« Und deshalb können wir versichert sein, daß die Danksagung des Glaubens niemals Scham in das Antlitz des Mannes bringen wird, der sie ausspricht.

Gewiß, Brüder, wenn der Herr ein Gebet nicht erhört, so ist er doch so gut, so überaus gut, daß wir ihn lieben wollen, ob er es tut oder nicht. Wir sollten ihn sogar preisen, wenn er uns nicht antwortet, und ihn lieben, daß er unsere Wünsche uns verweigert. Wie innig sollten einige von uns ihm danken, daß er unsere Gebete nicht erhörte, als wir in der Unwissenheit unseres kindischen Gemütes schädliche Dinge von ihm verlangten. Wir baten um Fleisch, und er hätte uns Wachteln senden können in seinem Zorn, aber aus Liebe wollte er uns nicht erhören. Gelobt sei sein Name, daß er sein Ohr aus Mitleid schloß! Laßt uns ihn anbeten, wenn er uns an seiner Türe warten läßt; ihm danken für abschlägige Antworten und ihn loben, wenn er uns etwas verweigert. Der Glaube rühmt die Liebe Gottes, denn er weiß, daß des Herrn härteste Behandlung nur verhüllte Liebe ist. Wir sind nicht so niedrig, unsern Gesang vom Wetter abhängig zu machen oder von der Fülle der Olivenpresse und des Weinfasses. Gelobt sei sein Name, er muß im Recht sein, selbst wenn er die Absichten seines Volkes zu durchkreuzen scheint; wir wollen nicht mit ihm zanken, wie unverständige Kinder mit ihren Wärterinnen, weil er uns nicht jeden Wunsch unseres törichten Herzens gewährt. Obgleich er uns schlägt, wollen wir ihm trauen, viel mehr noch, wenn er unsere Bitten uns verweigert. Wir bitten ihn um unser tägliches Brot, und wenn er es uns vorenthält, wollen wir ihn dennoch preisen. Unser Lob hängt nicht von seiner Antwort auf unsere Gebete ab. Wenn die Ernte der Oliven fehlschlagen und das Feld keine Frucht bringen sollte, wenn die Herde aus der Hürde geraubt werden sollte und das Vieh aus dem Stalle, so wollten wir uns doch in dem Herrn freuen und frohlocken in dem Gott unseres Heils. Heiliger Geist, erhebe uns zu diesem Gnadenstand und erhalte uns darin!

Von dem, wovon wir jetzt gesprochen, lautet die Summe: In jeder Lage und in jeder Not nahet euch Gott im Gebet, aber bringt immer Danksagung mit euch. Wie Joseph zu seinen Brüdern sprach: »Ihr sollt mein Angesicht nicht sehen, es sei denn euer Bruder mit euch«, so kann der Herr zu euch sprechen: »Ihr sollt mein Lächeln nicht erhalten, ihr bringet denn Danksagung mit euch.« Laßt eure Gebete jenen alten Büchern gleichen, in denen die Anfangsbuchstaben der Gebete vergoldet und mit reichen Farben verziert sind, das Werk geschickter Schreiber. Laßt selbst das allgemeine Sündenbekenntnis und die Litanei trauriger Bitten wenigstens einen illustrierten Buchstaben haben. Illustriert eure Gebete; hellt sie mit Strahlen der Danksagung überall auf. Und wenn ihr zum Gebet zusammenkommt, vergeßt nicht, dem Herrn zu singen und zu spielen mit Psalmen, Lobgesängen und geistlichen, lieblichen Liedern.

2. Wenn es an Danksagung mangelt

Im zweiten geht es um denselben Punkt, wenn ich über das Übel spreche, wenn die Danksagung in unsern Gebeten fehlt.

Zuerst würden wir der Undankbarkeit schuldig sein. Sollen wir immer empfangen und niemals Dank zurückgeben? Aristoteles bemerkt richtig: »Wiedervergeltung tut not, um Freundschaft zwischen zwei Menschen zu wahren.« Da wir Gott nichts anderes zu geben haben als Dankbarkeit, so laßt uns daran reich sein. Wenn wir keine Frucht des Feldes haben, laßt uns ihm wenigstens die Frucht unserer Lippen bringen. Habt ihr keinen Dank zu geben? Wie könnt ihr dann weitere Gaben erwarten? Nie ein Wort des Dankes ihm, von dem aller Segen kommt? Dann könnten selbst die Gottlosen euch verachten.

Es würde auch große Selbstsucht beweisen, wenn wir nicht das Loben mit dem Beten vereinten. Kann es recht sein, nur an uns selbst zu denken, um Wohltaten zu bitten und nie unseren Wohltäter zu ehren? Wollen wir etwa das abscheuliche Laster des Geizes in geistliche Dinge hineintragen und nur für das Wohl unserer eigenen Seele sorgen? Kein Gedanke an die Ehre Gottes? Kein Gedanke daran, seinen großen und gelobten Namen zu erhöhen? Gott bewahre, daß wir in einen so niedrigen und engherzigen Sinn hineingeraten. Preis und Dank wollen sorgsam gepflegt sein, denn dies verhütet, daß der Mehltau der Selbstsucht auf das Gebet fällt.

Danksagung verhütet auch, daß das Gebet den Mangel an Glauben zur Schau stellt. Denn in der Tat: Manches Gebet offenbart eher Mangel an Glauben, als die Übung des Vertrauens auf Gott. Wenn ich in Leiden immer noch Gott lobe für alles, was ich dulde, so wird darin mein Glaube sichtbar. Wenn ich, ehe ich die Gabe erhalte, Gott danke für die Gnade, die ich noch nicht geschmeckt habe, so wird darin mein Glaube offenbar. Ist unser Glaube etwa so, daß er nur im Sonnenschein singt? Haben wir kein Nachtigallenlied für unsern Gott? Gleicht unser Vertrauen den Schwalben, die uns im Winter verlassen? Ist unser Glaube eine Blume, die ein Treibhaus nötig hat, um lebendig zu bleiben? Kann er nicht blühen wie der Enzian am Fuße des eisigen Gletschers, wo die Feuchtigkeit und Kälte der Trübsal ihn umgeben? Ich hoffe, er kann es, er sollte es, und wir sollten fühlen, daß wir Gott loben und preisen können, auch wenn uns äußerlich eher nach Seufzen als nach Singen zumute ist.

Gott nicht in unseren Gebeten zu danken, würde Eigensinn bekunden und Mangel an Unterwerfung unter seinen Willen. Muß alles nach unserm Sinn laufen? Sich weigern, Gott zu loben, bis wir unsern Willen haben, ist große Anmaßung und zeigt, daß wir wie ein unartiges Kind schmollen, das nicht seinen Willen bekommt. Ich könnte den Eigenwillen manches Gebetes an einem kleinen Knaben veranschaulichen: Er sagte sehr eifrig seine Gebete her, aber war zu gleicher Zeit ungehorsam, schlecht gelaunt und ein richtiger Quälgeist. Seine Mutter sagte ihm, sie dächte, es sei bloß Heuchelei, wenn er bete. Er erwiderte: »Nein, Mutter, das ist es wirklich nicht, denn ich bitte Gott, dich und Vater dahin zu bringen, daß ihr meine Art und Weise mehr liebt, als ihr es tut.« Sehr viele Leute wünschen, der Herr möchte ihre Art mehr lieben; aber sie beabsichtigen nicht, der Art und Weise des Herrn zu folgen. Ihr Sinn ist Gott entgegen und will sich nicht seinem Willen unterwerfen. Und deshalb kennen sie keine Danksagung. Lobpreis im Gebet zeigt einen demütigen, ergebenen, gehorsamen Geist an, und wo er fehlt, da dürfen wir Eigenwillen und Selbstsucht vermuten. Vieles in dem Gebet rebellischer Herzen ist nur das Grollen einer zornigen Hartnäckigkeit, das Wimmern eines nicht befriedigten Dünkels. Gott muß dies tun und muß das tun, sonst wollen wir ihn nicht lieben. Was für ein kindliches Geschwätz! Was für verzogene Kinder sind das! Einige Streiche mit der Rute tun ihnen gut. »Ich kann nicht mehr an die Güte Gottes glauben«, sagt einer, »seit er mir meine liebe Mutter nahm.« Ich kannte einen Mann, dessen Tochter am Rande des Grabes war; als ich sie besuchte, bat er mich, nicht vom Tode mit ihr zu sprechen, »denn«, sagte er, »ich glaube nicht, Gott könnte so unfreundlich handeln und mein einziges Kind hinwegnehmen«. Ich versicherte ihm, sie würde gewiß in ein paar Tagen sterben und er müsse nicht mit dem Willen des Herrn hadern. Aber er blieb beharrlich in seiner Auflehnung. Er betete, aber er konnte Gott nicht loben, und es war kein Wunder, daß sein Mut sank und er sich nicht trösten lassen wollte, als sein Kind schließlich starb, wie es vorherzusehen war. Später ergab er sich in den Willen Gottes, aber sein Mangel an Unterwerfung kostete ihm viele Pein. Dies Hadern mit Gott ist etwas Armseliges! Die Ergebung kommt ins Herz wie ein Engel, unvermutet, und wenn wir ihn aufnehmen, wird unsere Seele getröstet. Wir dürfen um des Kindes Leben bitten, aber wir müssen auch dem Herrn danken, daß das teure Leben so lang erhalten blieb, und müssen das Kind oder um was es sonst geht in unseres Vaters Hände legen und sagen: »Wenn du alles hinwegnähmest, so will ich doch deinen Namen loben, o Gott.« Dies ist ein Gott angenehmes Gebet, weil es nicht mit dem Sauerteig des Eigenwillens gesäuert, sondern mit Dankbarkeit gesalzen ist.

Wenn sich nicht Dank in unsere Gebete mischt, besteht die Gefahr, daß unsere Seele nicht mit dem göttlichen Willen im Einklang ist. Erinnert euch, liebe Freunde, daß das Gebet nicht den Sinn Gottes ändert: es war nie die Bestimmung des Gebets, etwas derartiges zu versuchen. Gebet ist der Schatten der Ratschlüsse des Ewigen. Gott will etwas und macht, daß seine Heiligen es wollen und ihren Willen im Gebet ausdrücken. Gebet ist das Rauschen der Flügel der Engel, welche uns die Segnungen bringen. Es steht geschrieben: »Habe deine Lust am Herrn, der wird dir geben, was dein Herz wünscht.« Es ist nicht gesagt, daß er jedem Hans und Peter geben will, was sein Herz wünscht, sondern ihr müßt erst eure Lust am Herrn haben, und wenn eure Seele all ihre Freude in Gott findet, dann ist es klar, daß Gott und ihr, so weit es sein kann, auf derselben Linie steht und in der selben Richtung geht, und dann sollt ihr haben, was euer Herz wünscht, weil es das ist, was Gottes Herz wünscht. Es gibt einige, die nicht so beten können, daß sie die siegreiche Macht des Gebetes erfahren, denn die Sünde hat sie schwach gemacht und Gott steht ihnen entgegen, weil sie ihm entgegenstehen. Wer das Licht des Angesichts Gottes verloren hat, hat auch viel von seiner Macht im Gebet verloren. Nicht jeder Israelit hätte auf die Spitze des Karmels hinaufgehen und die Fenster des Himmels öffnen können, wie Elia es tat. Nein, er muß erst ein Elia sein, denn es ist das ernstliche, brünstige Gebet, nicht jedes Mannes, sondern eines gerechten Mannes, das viel vermag. Wenn der Herr euer Herz und meines in Übereinstimmung mit sich selber gebracht hat, dann werden wir beten und siegen. Was sagte unser Herr? – »So ihr in mir bleibet und meine Worte in euch bleiben, werdet ihr bitten, was ihr wollt, und es wird euch widerfahren.« Ohne Zweifel verlieren viele die Macht des Gebetes, weil ihr Leben den Herrn betrübt und er nicht mit Wohlgefallen auf sie schauen kann. Wird ein Vater auf die Bitten eines Kindes hören, das sich gegen die väterliche Autorität auflehnt? Das gehorsame, liebende Kind, das nichts wünscht, das nichts für recht hält, ist es, dessen Bitten ihr gern beachtet und erfüllt; ja, mehr noch, ihr kommt den Wünschen solches Kindes zuvor, und ehe es ruft, antwortet ihr ihm. Möchten wir solche Kinder des großen Gottes sein.

3. Wenn Dank das Gebet durchdringt, verändert sich alles

Nun wollen wir die Folgen davon erwägen, wenn diese Danksagung mit dem Gebet verbunden ist. Nach dem Zusammenhang des Textes bringt die Danksagung im Gebet Frieden: »In allen Dingen laßt eure Bitte in Gebet und Flehen mit Danksagung vor Gott kund werden, und der Friede Gottes, welcher höher ist als alle Vernunft, wird eure Herzen und Sinne in Christus Jesus bewahren.« Nun, dieser Frieden, diese bewußte Ruhe, diese göttliche Gelassenheit, welche als Friede Gottes bezeichnet ist, wird nicht durch Gebet allein hervorgebracht, sondern durch Gebet mit Danksagung. Manche Leute beten, und sie tun gut daran. Aber weil sie nicht Dank damit verbinden, macht ihr Gebet sie unruhig, und sie kommen aus ihrem Kämmerlein noch ängstlicher heraus, als sie hineingingen. Wenn sie in ihre Gebete jenes liebliche Pulver täten, welches Lobpreis genannt wird, und es wie ein Apotheker im richtigen Verhältnis untermengten, so würde der Segen Gottes nicht auf sich warten lassen und ihnen Ruhe des Herzens geben. Wenn wir unsern gnädigen Herrn für dasselbe Leiden preisen, gegen welches wir beten; wenn wir ihm für die Gabe danken, die uns nottut, als wenn wir sie schon hätten; wenn wir uns vornehmen, ihn zu preisen, ob wir das gut empfangen oder nicht, und lernen uns genügen zu lassen, in welcher Lage wir auch sind, dann wird der Friede Gottes, der alle Erkenntnis übertrifft, unsere Herzen und Sinne in Christus Jesus bewahren. Brüder, wenn ihr diese göttliche Ruhe des Geistes für wertvoll haltet, wenn ihr diese beständige Heiterkeit der Seele bewahren wollt, so bitte ich euch, mischt Dank in eure Gebete.

Die nächste Wirkung davon wird sein: Danksagung macht das Herz warm und fähig zum Beten. Ich glaube, es ist die Erfahrung vieler, die verborgene Andacht lieben, daß sie zu Zeiten nicht beten können, denn ihr Herz scheint hart, kalt, stumm und fast tot. Pumpt nicht unwilliges und mechanisches Gebet herauf, meine Brüder; sondern nehmt lieber das Gesangbuch zur Hand und singt. Während ihr den Herrn preist für das, was ihr habt, werdet ihr finden, daß euer steinernes Herz schmilzt und Ströme zu fließen beginnen. Ihr werdet Mut gewinnen, mit dem Herrn zu ringen, weil ihr euch erinnert, was ihr früher von seiner Hand empfangen habt. Wenn ihr einen leeren Wagen im Bergwerk hinaufzuschieben hättet, wäre es eine sehr schwierige Aufgabe für euch; aber das Werk wird leicht getan durch den gesunden Menschenverstand der Bergleute. Sie lassen die vollen Wagen, indem sie hinunterlaufen, die leeren den Abhang hinaufziehen. Wohlan, wenn euer Herz voll Dank für empfangene Gnaden ist, laßt es den Abhang hinunterlaufen und den leeren Wagen eurer Wünsche hinaufziehen. Es wird euch ein Leichtes sein, zu beten. Kalte und kühle Gebete sind immer zu beklagen. Wenn unser Herz durch ein so einfaches Mittel wie das Danken erwärmt und erneuert werden kann, laßt uns jedenfalls dafür sorgen, daß wir es gebrauchen.

Zuletzt: ich glaube, wenn jemand beginnt, mit Danken zu beten, so ist er nahe davor, den Segen zu erhalten. Gottes Zeit, euch zu segnen, ist gekommen, wenn ihr beginnt, ihn sowohl zu loben als auch zu bitten. Gott hat seine bestimmte Zeit, uns Gnade zu erweisen, und er will uns nicht unsern Wunsch gewähren, bis die rechte Zeit gekommen ist. Aber diese Zeit ist da, wenn ihr anfangt, den Herrn zu loben. Seht, ein Beispiel davon finden wir in 2. Chronik 20, 20. Josaphat zog aus, gegen ein sehr großes Heer zu kämpfen. Achtet darauf, wie er den Sieg gewann. »Und sie machten sich früh am Morgen auf und zogen aus zu der Wüste Tekoa. Und als sie auszogen, trat Josaphat hin und sprach: Höret mir zu, Juda und ihr Einwohner von Jerusalem: Glaubet an den Herrn, euren Gott, so werdet ihr sicher sein, und glaubet seinen Propheten, so wird es euch gelingen. Und er berät sich mit dem Volk und bestellte« - was? Krieger? Hauptleute? Nein, das war alles getan, sondern er bestellte »Sänger für den Herrn, daß sie im heiligen Schmuck Loblieder sangen und vor den Kriegsleuten herzögen und sprächen: Danket dem Herrn, denn seine Barmherzigkeit währet ewiglich. Und als sie anfingen mit Danken und Loben, ließ der Herr einen Hinterhalt kommen über die Ammoniter und Moabiter und die vom Gebirge Seir, die gegen Juda ausgezogen waren, und sie wurden geschlagen.« Der Sieg kam, als sie anfingen, zu singen und zu loben. Ihr werdet Antwort auf eure Gebete erhalten, wenn ihr euren Dank in all eurem Bitten und Flehen vermehrt: seid dessen gewiß.

Ein Mann kam einst zu einem Prediger und sagte: »Sie sagen, daß wir alle Zeit beten sollen.« »Ja, mein Freund, ohne Zweifel.« »Aber ich habe ein Jahr lang gebetet, daß ich Trost der Religion genießen möchte, und ich fühle weder Freude noch auch nur Seelenfrieden; im Gegenteil, ich habe mehr Zweifel und Ängste als je zuvor.« »Ja«, sagte der Prediger, »das ist das natürliche Resultat eines so selbstsüchtigen Gebetes.

Kommen Sie und knien Sie mit mir nieder und lassen Sie uns anders beten: ›Vater, verkläre deinen Namen! Dein Reich komme!‹ Und nun«, sagte er, »gehen Sie, bringen Sie diese Bitten vor Gott. Versuchen Sie es wahr zu machen und sehen Sie, ob Sie nicht bald Trost empfangen.« Es liegt überaus viel an dieser Tatsache: wenn ihr nur wünscht, daß Gott verherrlicht werde, und danach strebt, ihn selbst zu verherrlichen, dann werden die Freuden wahrer Gottseligkeit euch als Erfahrung eures Gebetes zuteil werden.

Die Zeit für den Segen ist da, wenn ihr beginnt, Gott dafür zu preisen. Brüder, ihr könnt gewiß sein: Wenn ihr Dank hinauf sendet, weil Gott euer Gebet erhört hat, so habt ihr wirklich bei Gott gesiegt. Stellt euch vor, ihr hättet einer armen Frau versprochen, ihr morgen ein Mittagessen zu geben. Ihr könntet es vergessen, wie ihr wißt; aber nehmt an, sie schickte ihr kleines Mädchen mit einem Korb, das Essen abzuholen, sie würde es doch gewiß bekommen; und wenn die arme Seele noch dazu einen Brief mitschickte, in dem sie euch für eure große Güte dankte, würdet ihr es über das Herz bringen, zu sagen: »Mein liebes Kind, ich kann dir heut nichts geben, komm ein anderes Mal?« O nein, wenn ihr nichts im Schrank hättet, so würdet ihr etwas holen lassen, weil die gute Seele euch so vertraute, daß sie euch den Dank sandte, ehe sie noch die Gabe empfangen hat. Vertraut doch dem Herrn in derselben Weise. Er kann sein Wort nicht zurücknehmen, Brüder. Gläubiges Gebet hält ihn, gläubiger Dank bindet ihn. Wenn ihr, die ihr doch arg seid, nicht abschlagt, was ihr versprochen habt, wenn diesem Versprechen so geglaubt wird, daß man sich freut, als wenn man es schon empfangen hätte - dann verlaßt euch darauf, der gute Gott wird es erst recht nicht abschlagen. Die Zeit zur Erhörung ist gekommen, weil Dank für diese Erhörung euer Herz füllt. Ich überlasse es eurem Nachdenken. Wenn ihr in dieser Art betet, so wird für euch viel Gutes daraus entstehen und desgleichen für die Kirche Gottes und für die Welt im großen und ganzen.

Nun höre ich jemand sagen: »Aber ich kann so nicht beten. Ich weiß nicht, wie ich beten soll. Wenn ich doch wüßte, wie man betet! Ich bin ein armer schuldiger Sünder. Ich kann nicht meine Danksagungen mit meinen Bitten verbinden.« Ach, lieber Freund, denke jetzt nicht daran. Was ich gepredigt habe, galt dem Volk Gottes. Für dich ist es genug, zu sagen: »Gott, sei mir Sünder gnädig.« Und doch will ich wagen zu behaupten, daß auch in einer solchen Bitte Preis ist. Du preist indirekt die Gerechtigkeit Gottes und du preisest seine Gnade, indem du dich an ihn wendest. Als der verlorene Sohn zurückkehrte und sein Gebet begann, indem er sagte: »Ich bin nicht wert, dein Sohn zu heißen«, war in diesem Bekenntnis ein wirkliches Lob der Güte seines Vaters, deren er sich unwürdig fühlte. Aber du brauchst nicht gerade jetzt über diese Sache nachzudenken, denn du hast nur Jesus zu finden und in ihm das ewige Leben. Geh zu ihm, verlaß dich auf die Liebe und Gnade Gottes in ihm, und er wird dich nicht verstoßen. Und dann, wenn du ihn gefunden und erkannt hast, sorge dafür, daß der Dank für deine Errettung niemals aufhört. Selbst wenn du am hungrigsten und ärmsten und dürftigsten bist, fahre fort, deinen Retter und Herrn zu loben und zu sagen: »Ich liebe den Herrn, denn er hört die Stimme meines Flehens. Er neigt sein Ohr zu mir, darum will ich mein Leben lang ihn anrufen. – Preiset mit mir den Herrn und laßt uns miteinander seinen Namen erhöhen.«

II. Das Gebet, das der Barmherzigkeit vorausläuft

»So spricht Gott der Herr: Auch darin will ich mich vom Hause Israel erbitten lassen, daß ich dies ihnen tue: Ich will die Menschen bei ihnen mehren wie eine Herde.« *Hesekiel 36,37*

Das ganze 36. Kapitel des Propheten Hesekiel enthält große Verheißungen, die Gott dem Volke Israel gegeben hatte. Gott erklärt in diesem Verse nun, daß er bereit sei, die Verheißungen zu erfüllen, weil und wenn sein Volk ihn darum bitte. Er wolle ihnen einen Gebetsgeist geben. Sie sollten ernstlich nach dem Segen schreien, und er würde ihnen vom Himmel aus antworten.

Das Wort, das hier gebraucht wird, um das Gebet zu kennzeichnen, ist sehr bedeutsam: »Ich will mich fragen (oder: ersuchen) lassen vom Hause Israel.« Das Gebet ist also eine Frage, eine Nachfrage. Niemand kann recht beten, wenn er das Gebet nicht in diesem Lichte betrachtet.

Zuerst frage ich: Was ist die Verheißung? Ich schlage meine Bibel auf und suche die Verheißung zu finden, durch die das, was ich zu erbitten wünsche, mir als etwas bezeugt wird, was Gott geben will.

Nachdem ich sie gefunden habe, nehme ich diese Verheißung, und auf gebeugten Knien frage ich Gott, ob er seine eigene Verheißung erfüllen will. Ich bringe ihm sein eigenes Bundeswort und sage zu ihn: »O Herr, willst du es nicht erfüllen? Und willst du es nicht jetzt erfüllen?«

Nach dem Gebet sehe ich der Antwort entgegen; ich erwarte, erhört zu werden. Und wenn mir nicht geantwortet wird? So bete ich wiederum, und meine wiederholten Gebete sind nur neue Fragen. Ich spreche so: »Willst du mir antworten, o Herr? Willst du deine Verheißung halten? Oder willst du dein Ohr schließen, weil ich meine eigenen Bedürfnisse mißverstehe und deine Verheißung irrig auffasse?«

Brüder, wir müssen Nachfrage halten im Gebet!

Wir erwarten ein Geschenk von einem Freunde. Wir haben

zuerst den Brief, der uns benachrichtigt, daß es unterwegs ist. Wir fragen uns, was das Geschenk sein mag, während wir den Brief lesen; und dann, wenn es nicht ankommt, gehen wir an den Ort, wo das Paket hätte abgegeben werden müssen, und fragen oder erkundigen uns danach. Genauso ist es mit dem Gebet. Wir erlangen die Verheißung durch die Nachfrage, und wir erlangen die Erfüllung dadurch, daß wir wieder bei Gott nachfragen.

Nun werde ich heute mit Gottes Hilfe versuchen, zuerst von dem Gebet als dem Vorläufer des Segens zu reden. Dann will ich zu zeigen versuchen, warum es von Gott so zum Vorläufer seiner Segnungen gemacht ist. Und ich werde mit einer Ermahnung schließen, zu beten, wenn ihr Segnungen erlangen wollt.

1. Der verheißene Segen folgt dem Gebet

Niemals kam eine große Segnung in die Welt, ohne daß sie durch Gebet vorher angekündigt wurde. Die Verheißung kommt allein, ohne daß irgendein Verdienst ihr vorangeht; aber der verheißene Segen folgt stets seinem Herold, dem Gebet. Ihr könnt feststellen, daß alle Wunder, die Gott in alter Zeit tat, vorher durch die Gebete seiner Gläubigen von ihm erfleht wurden.

Als Pharao in die Tiefe des Roten Meeres geworfen wurde und alle seine Heere »auf den Grund sanken wie die Steine«, ging diesem herrlichen und ruhmreichen Sieg Gottes über seine stolzen Feinde ein Gebet voran. Schlagt das 2. Buch Mose auf, und ihr könnt dort lesen: »Und die Kinder Israel seufzten über ihre Knechtschaft und schrien, und ihr Schreien über ihre Knechtschaft kam vor Gott« (2. Mose 2,23). Gerade ehe das Meer sich teilte und Platz für das Volk Gottes machte, hatte Mose zum Herrn gebetet und ernstlich zu ihm geschrien, so daß Gott sprach: »Was schreist du zu mir?« (2. Mose 14,15).

In den Tagen des Elia war das Land Judäa eine trockene Wüste, eine Masse Staub, ohne alle Vegetation. Regen war seit drei Jahren nicht gefallen; die Weiden waren verdorrt; die Bäche hatten aufgehört zu fließen; Armut und Not starrten dem Volk ins Angesicht. Zu einer bestimmten Zeit wurde ein Rauschen gehört, als wollte es regnen, und die Ströme ergossen sich vom Himmel, bis die Erde von den fröhlichen Fluten überschwemmt war. Ob Gebet das Vorspiel dazu war? Seht hin zur Spitze des Karmel. Dort kniet ein Mann vor Gott und schreit: »O mein Gott! sende den Regen!« Seht seinen großen Glauben – siebenmal sendet er seinen Knaben, nach den Wolken auszuschauen, denn er glaubt, daß sie als Antwort auf sein Gebet kommen werden. Die segenbringenden Regenströme kamen auf Elias Glauben und Elias Gebet.

Unser Herr Jesus Christus war der größte Segen, den die Menschen je empfangen hatten. Er war Gottes beste Gabe an eine leidende Welt. Und ging Gebet der Ankunft Christi voran? Waren Gebete da, die dem Kommen des Herrn vorhergingen, ehe er in seinem Tempel erschien? O ja, die Gebete der Heiligen waren seit vielen Jahrhunderten einander gefolgt. Abraham sah seinen Tag, und als er starb, trat Isaak an seine Stelle. Als Isaak bei seinen Vätern schlief, fuhren Jakob und die Erzväter immer noch fort zu beten. Ja, und sogar in den Tagen Christi wurde noch fortwährend um ihn gebetet: Hanna, die Prophetin, und Simeon warteten auf das Kommen Christi. Tag für Tag beteten und flehten sie zu Gott, daß er bald zu seinem Tempel kommen möge.

So, wie es damals gewesen ist, soll es in bezug auf die großen Dinge sein, die noch zur Erfüllung der Verheißung geschehen werden. Ich glaube, daß der Herr Jesus eines Tages in den Wolken des Himmels kommen wird. Mit allen denen, die die Heilige Schrift recht lesen, glaube ich fest, daß der Tag sich naht, an dem er zum zweitenmal auf der Erde stehen und mit unbegrenzter Macht über alle Bewohner der Erde herrschen wird und Könige sich vor ihm beugen. Aber wann wird diese Zeit kommen? Wir werden ihr Kommen erkennen an dem Vorboten: wenn das Gebet lauter und stärker wird, wenn das Flehen allgemeiner und unaufhörlicher wird! Denn wie wir an den Bäumen merken, daß der Frühling nahe ist, wenn die ersten grünen Blätter ausschlagen, so mögen wir auch, wenn das Gebet herzlicher und ernster wird, unsere Augen aufheben, denn der Tag unsrer Erlösung naht.

Ernste Gebete sind die Vorboten reicher Segnungen, und immer werden die Segnungen, die wir erwarten dürfen, im Verhältnis zu unseren Gebeten stehen.

So ist es auch in der Gemeinde des Herrn der neueren Zeit gewesen. Wann immer sie zum Beten erweckt wurde, erwachte Gott zu ihrer Hilfe. Jerusalem, wenn du dich aus dem Staube aufgerafft hast, dann hat der Herr sein Schwert aus der Scheide gezogen. Wenn du deine Hände hast schlaff hängen und deine Knie schwach werden lassen, dann hat er dich durch deine Feinde zerstreuen lassen; du bist unfruchtbar geworden. Aber wenn du gelernt hast zu schreien, wenn du angefangen hast zu beten, hat dir Gott die Freude seines Heils wiederum gegeben, er hat dein Herz fröhlich gemacht und deine Kinder vermehrt.

Die Geschichte der Gemeinde des Herrn bis heute ist eine Reihe von Wellen, eine Aufeinanderfolge von Ebbe und Flut. Eine starke Welle religiösen Erlebens ist über den Strand der Sünde dahingegangen, dann ist sie zurückgewichen, und Unsittlichkeit hat geherrscht. Unsere englische Geschichte bietet dafür Beispiele.

Ging es den Gerechten gut in den Tagen Eduards des Sechsten? Sie sollten unter der blutigen Maria Stuart gequält werden. Wurde der Puritanismus allmächtig in dem Land, herrschte der glorreiche Cromwell und triumphierten die Heiligen? Karls des Zweiten Ausschweifungen und Gottlosigkeiten wurden die schwarze zurückweichende Welle. Darauf ergoß sich abermals durch Whitefield und Wesley eine mächtige Woge religiöser Belebung über das Land, die wie ein Strom alles vor sich hertrieb. Dann wich sie wiederum zurück, und es kamen die Tage, in denen Männer voll Unglauben und Gottlosigkeit ihr Wesen trieben. Noch einmal kam ein starker Anstoß, und Gott verherrlichte sich. Und bis auf die Gegenwart ist die Welle wieder abgeebbt. Die Religion, obwohl sie mehr Mode ist als einst, hat viel von ihrer Lebendigkeit und Macht verloren. Viel von dem Eifer und Ernst der alten Prediger ist verschwunden. Aber, die Flutzeit kehrt zurück. Noch einmal hat Gott seine Kirche erweckt. Soll ich euch sagen, was ich für den Mond halte, der diese Wellen beeinflußt? Meine Brüder, wie der Mond Ebbe und Flut beeinflußt, so beeinflußt das Gebet, der Widerschein des Sonnenlichts im Himmel und Gottes Mond am unsichtbaren Himmel, die Ebbe und Flut der Gottseligkeit. Denn wenn unsere Gebete wie der Halbmond werden und wir nicht in Verbindung mit der Sonne stehen, so ist eine Ebbe der Gottseligkeit da. Aber wenn die volle Scheibe auf die Erde scheint und Gott der Allmächtige die Gebete der Seinen voll Freude und Fröhlichkeit macht, dann kehrt das Meer der Gnade in seiner Stärke zurück.

Das gilt auch im Blick auf das Leben. Gott hat euch manche Gunst erwiesen, die ihr nicht erbetet habt. Aber doch ist ernstes Gebet auch immer der unfehlbare Vorbote großer Segnungen für euch gewesen. Als ihr zuerst Frieden durch das Blut Jesu Christi fandet, da hattet ihr vorher viel gebetet, Gott ernstlich angefleht, eure Zweifel hinwegzunehmen und euch aus eurer Not zu befreien. Eure Gewißheit der Begnadigung war das Ergebnis des Gebetes. Und wenn ihr zu irgendeiner Zeit hohe und entzückende Freuden gehabt habt, so habt ihr sie als Erhörungen eurer Gebete betrachten müssen. Wenn ihr große Befreiung aus schwerer Not erlebt habt und mächtige Hilfe in großer Gefahr, so durftet ihr sprechen: »Da ich den Herrn suchte, antwortete er mir und errettete mich aus aller meiner Furcht.« So ist das Gebet im persönlichen Leben wie in dem der Gemeinde immer der Vorbote des Segens.

Und nun werden einige zu mir sagen: »In welcher Weise wirkt denn das Gebet auf den Segen ein? Gott, der Heilige Geist, verleiht das Gebet vor dem Segen, aber in welcher Art sind sie miteinander verbunden?«

Nun, das Gebet geht in verschiedenem Sinne dem Segen voraus. *Es geht ihm voraus als sein Schatten.* Wenn das Sonnenlicht der Barmherzigkeit Gottes über unseren Bedürfnissen aufgeht, so wirft es den Schatten des Gebetes darüber. Oder um ein andres Bild zu gebrauchen: Wenn Gott uns einen Hügel von Segnungen aufhäuft, so leuchtet er selbst dahinter und wirft auf unseren Geist den Schatten des Gebets, so daß wir gewiß sein können, daß unsere Gebete die Schatten der göttlichen Barmherzigkeit sind.

Das Gebet geht der Barmherzigkeit voraus als ihr Abgesandter. Ein König sendet oft, wenn er seine Länder durchreisen will, einen vor sich her, der die Posaune bläst. Wenn die Leute ihn sehen, so wissen sie, daß der König kommt, weil der Posaunenbläser, der Herold, da ist. Aber vielleicht ist eine noch wichtigere Persönlichkeit vor ihm da, die sagt: »Ich bin vor dem König hergesandt, um seinen Empfang vorzubereiten, und werde heute alles annehmen, was ihr dem König zu senden habt, denn ich bin sein Vertreter.« So ist das Gebet der Vertreter des Segens, ehe der Segen kommt. Das Gebet kommt, und wenn ich es sehe, sage ich: »Gebet, du bist der Vizekönig des Segens. Ich kenne und betrachte dich als den Vertreter des Segens, den ich empfangen soll.«

Aber ich denke auch, daß das Gebet zuweilen und gewöhnlich *dem Segen vorhergeht, wie die Ursache der Wirkung.* Jemand mag den Einwurf erheben: »Ich glaube, daß das Gebet viel Einfluß auf den Betenden haben mag, aber ich glaube nicht, daß es irgendeine Wirkung auf Gott hat.« Nun, mein Lieber, ich werde es nicht versuchen, dich zu überzeugen. Denn wenn du den Zeugnissen nicht glaubst, die ich beibringe, so würde es so unnütz sein, dies zu versuchen, als wenn ich dich durch einfache Schlußfolgerungen von irgendeiner historischen Tatsache überzeugen wollte. Ich könnte aus dieser Versammlung nicht einen oder zwanzig, sondern viele Hunderte vernünftige, intelligente Leute aufrufen, von denen jeder ganz bestimmt erklären würde, daß er hundertemal in seinem Leben ernstlich Befreiung aus der Not gesucht habe oder Hilfe im Unglück , und daß er die Antworten auf seine Gebete in so wunderbarer Weise empfangen hat, daß er ebenso wenig daran zweifeln könne, daß es wirklich Antworten auf sein Schreien gewesen sind, wie er an dem Dasein Gottes zweifeln könne. Er ist sicher, daß Gott ihn gehört hat, er ist dessen ganz gewiß.

Die Zeugnisse für die Macht des Gebetes sind so zahllos, daß der, welcher sie verwirft, gutem Zeugnis Trotz bietet. Wir sind nicht alle Schwärmer; einige von uns sind nüchtern genug; wir sind nicht alle Fanatiker; wir sind nicht alle ganz wild in unsrer Frömmigkeit; die meisten von uns handeln doch in anderen Dingen, wie wir meinen, nach dem gesunden Menschenverstand. Aber dennoch stimmen wir alle darin überein, daß unsere Gebete erhört wurden. Und wir könnten viele Geschichten von unseren Gebeten erzählen, die uns noch frisch im Gedächtnis sind, wo wir zu Gott geschrien und er uns erhört hat.

Aber wer behauptet, er glaube nicht, daß Gott Gebet erhöre, weiß letztlich doch, daß Gott es tut. Ich habe nicht mehr Respekt vor seinem Skeptizismus als vor dem Zweifel eines Menschen an dem Dasein Gottes. Der Mensch zweifelt nicht daran; oder er muß zuvor sein eigenes Gewissen ersticken, ehe er zu sagen wagt, daß er es tut. Du weißt doch, o Mensch, daß Gott Gebet erhört. Denn wenn du das nicht weißt, mußt du ein Tor sein. Du bist ein Tor, wenn du es nicht glaubst, und ein schlimmer Tor, wenn du selbst betest, obwohl du nicht glaubst, daß er dich hört.

»Aber ich bete nicht.« Nicht beten? Du betest nicht! Nein, aber wenn dein Geschäft nicht ganz gut geht, so wünschest du zu Gott, daß es besser ginge, und du schreist zuweilen zu ihm in einer Art von Gebet, das er nicht annehmen kann, das aber doch genug ist, um zu zeigen, daß es einen Instinkt im Menschen gibt, der ihn beten lehrt. Ich glaube, daß gerade wie Vögel ihr Nest ohne irgendwelchen Unterricht bauen, so gebrauchen Menschen die Form des Gebets (ich meine nicht geistliches Gebet). Menschen beten instinktmäßig. Es ist etwas im Menschen, was ihn zu einem betenden Tiere macht. Er kann nicht anders, er ist dazu gezwungen. Er lacht über sich selbst, wenn er auf dem trockenen Lande ist; aber er betet, wenn er sich auf dem Meere und in einem Sturm befindet. Er spottet über das Gebet, wenn er gesund ist, aber wenn er krank ist, betet er so schnell wie nur einer. Er - er würde nicht beten, wenn er reich ist; aber wenn er arm ist, betet er. Er weiß, daß Gott Gebet erhört und daß Menschen beten sollten. Man kann nicht mit ihm streiten. Wenn er sein eigenes Gewissen zu bestreiten wagt, so ist er unfähig für vernünftige Erörterung. Deshalb versuche ich nicht, ihn durch vernünftige Gründe zu beeinflussen. Andere Mittel werden und hoffen wir bei ihm zu gebrauchen, aber keine, durch welche ihm die Ehre angetan würde, nach seiner Vernunft antworten zu dürfen.

O Heilige Gottes, was ihr sonst auch fahren lassen könnt, die Wahrheit, daß Gott Gebete erhört, dürft ihr nie fahren lassen, denn wenn ihr sie heute nicht glaubtet, so würdet ihr sie morgen wieder zu glauben haben. Ihr würdet euch genötigt fühlen - wenn nicht gezwungen – zu sagen: »Wahrlich, Gott hört und erhört Gebet!«

Das Gebet ist also der Vorbote der Barmherzigkeit, denn es ist sehr häufig die Ursache des Segens, genauer: ein Teil der Ursache. Die Barmherzigkeit Gottes ist die erste große Ursache, und das Gebet ist oft das zweite Mittel, wodurch der Segen herabgebracht wird.

2. Weshalb macht Gott das Gebet zum Herold der Barmherzigkeit?

Zunächst, weil *Gott gern will, daß der Mensch einen Grund zur Verbindung mit ihm habe.* Es ist, als ob Gott spräche: »Meine Geschöpfe werden mich scheuen; selbst mein eigenes Volk wird mich zu wenig suchen. Sie werden vor mir fliehen, statt zu mir zu kommen. Was soll ich tun? Ich will sie segnen. Soll ich die Segnungen vor ihre Türen legen, so daß sie sie am Morgen dem öffnen, der Türen dort unerbeten und ungesucht findet? Ja«, spricht Gott, »mit vielen Gütern will ich es so machen. Ich will ihnen vieles, was sie nötig haben, geben, ohne daß sie darum nachsuchen. Aber damit sie mich nicht ganz vergessen, will ich einige Güter nicht vor ihre Tür legen, sondern sie sollen zu mir nach Haus kommen, um sie zu erlangen. Ich liebe es, wenn meine Kinder mich besuchen«, sagt der himmlische Vater, »ich liebe es, sie in meinem Hause zu sehen, ihre Stimme zu hören und ihr Antlitz zu sehen. Sie werden nicht zu mir kommen, wenn ich ihnen alles gebe, was sie brauchen. Ich will ihnen einiges zuweilen vorenthalten, und dann werden sie kommen und bitten, und ich werde das Vergnügen haben, sie zu sehen, und sie werden den Gewinn haben, mit mir Gemeinschaft zu haben.« Es ist, als wenn ein Vater zu einem Sohne, der ganz von ihm abhängig wäre, spräche: »Ich könnte dir sofort ein Vermögen geben, so daß du nie wieder zu mir zu kommen brauchtest. Aber, mein Sohn, es freut mich, für dich sorgen zu können. Ich möchte gern wissen, was du brauchst, damit ich dir oftmals etwas geben kann und so dich häufig sehe. So werde ich dir nur für eine Zeitlang genug geben; und wenn du mehr wünschst, mußt du zu mir kommen. Mein Sohn, ich tue das, weil ich dich oft zu sehen wünsche. Ich möchte häufig Gelegenheit haben, dir zu zeigen, wie sehr ich dich liebe.« So sagt Gott zu seinen Kindern: »Ich gebe euch nicht alles auf einmal. Ich gebe euch alles in der Verheißung, aber wenn ihr es im einzelnen haben wollt, so müßt ihr kommen und mich darum bitten. Dann sollt ihr mein Angesicht sehen und sollt einen Grund haben, oft vor mir zu erscheinen.«

Aber es gibt noch einen anderen Grund. Gott wollte das Gebet zum Vorboten des Segens machen, weil *das Gebet oft selbst den Segen gibt*. Du bist voll Furcht und Schmerz; du brauchst Trost. Gott sagt: Bete, und du sollst ihn haben. Der Grund: Das Gebet selbst ist etwas Tröstendes. Wir kennen das alle: Wenn wir etwas Schweres auf dem Herzen haben, bringt es uns oft Erleichterung, wenn wir einem Freund davon sagen können. Es gibt nun einige Leiden, von denen wir anderen nichts sagen könnten, weil viele vielleicht nicht mit uns fühlen könnten: Gott hat uns deshalb in dem Gebet einen Kanal gegeben, in den der Schmerz fließen kann. »Komm«, spricht er, »deine Leiden können sich hier Luft machen. Komm, schütte sie aus vor meinem Ohr. Leere dein Herz aus vor mir, so wird es nicht zerspringen. Wenn du weinen mußt, so komm und weine vor meinem Gnadenthron. Wenn du schreien mußt, so komm und schreie im Betkämmerlein, und ich will dich hören.« Und wie oft haben du und ich das versucht! Wir haben auf unseren Knien gelegen, überwältigt von Kummer, und sind aufgestanden mit den Worten: »Nun kann ich allen gegenübertreten!«

Wenn ich Ihn, den Heiland habe,
Wenn Er ganz mein eigen ist,
Wenn mein Herz bis hin zum Grabe
Seine Treue nicht vergißt!
Oh, dann weiß ich nichts von Leiden,
Oh, dann weiß ich nur von Freuden!

Das Gebet stellt zuweilen selbst die Wohltat dar, ist zuweilen selbst der Segen.

Nehmt einen anderen Fall. Du bist in einer schwierigen Lage, du weißt nicht, welchen Weg du gehen sollst, wie du dich verhalten sollst. Gott hat gesagt, daß er sein Volk leiten will. Du beginnst zu beten und bittest Gott, dich zu leiten. Weißt du, daß gerade dein Gebet dir oft von selbst die Antwort geben wird? Denn während die Seele sich in Nachdenken über die Sache und in das Gebet vertieft, ist sie in der besten Verfassung, selbst den geeigneten Weg zu erspähen. Wenn ich im Gebet alle Umstände vor Gott darlege, bin ich wie ein Krieger, der das Schlachtfeld überblickt; und wenn ich aufstehe, kenne ich den Stand der Dinge und weiß, wie ich zu handeln habe. So gibt das Gebet häufig an sich schon das, worum wir bitten. Oft, wenn ich eine Stelle der Schrift lese, die ich nicht verstehen kann, pflege ich die Bibel aufgeschlagen vor mich hinzulegen, und wenn ich alle Kommentare durchgesehen und sie nicht übereinzustimmen scheinen, lege ich die Bibel auf den Stuhl, knie nieder und deute mit dem Finger auf die Stelle und bitte Gott um Belehrung. Wenn ich dann von meinen Knien aufstand, meinte ich sie besser zu verstehen als zuvor.

Ich glaube, daß das Gebet an sich schon in großem Maße die Antwort brachte. Denn da der Verstand und auch das Herz sich damit beschäftigte, so war der ganze Mensch in der besten Verfassung, sie wahrhaft zu verstehen. John Bunyan sagt: »Die Wahrheiten, die ich am besten kenne, habe ich auf meinen Knien gelernt.« Und weiter sagt er: »Ich weiß nie etwas gut, bis es durch Gebet in mein Herz gebrannt ist.« Nun, das geschieht durch den Heiligen Geist Gottes, aber kann auch bis zu einem gewissen Grade dadurch erklärt werden, daß das Gebet uns zum Nachdenken über eine Sache bringt, und unser Geist so unmerklich dahin geführt wird, das Rechte zu ergreifen. Gebet ist also ein passender Vorbote des Segens, weil es oft den Segen schon in sich trägt.

Auch ist es nur recht und gerecht und angemessen, daß das Gebet dem Segen vorangeht, weil *im Gebet ein Wissen um Bedürftigkeit enthalten ist.* Ich kann als Mensch nur denen helfen, die mir als arm oder krank vor Augen sind. Ich nehme nicht an, daß ein Arzt sich die Mühe machen wird, sein Haus zu verlassen und zu einem Kranken zu gehen, wenn ihm der Zustand des Kranken nicht genau bezeichnet worden ist und ihm nicht gesagt wurde, daß es sich um einen Fall für den Arzt handelt. Ebensowenig können wir von Gott erwarten, daß er den Seinen zu Dienste stehen soll, wenn sie ihm nicht zuvor ihre Not darlegen, um sie wissen und um seinen Segen bittend vor ihn kommen. Ein Gefühl der Bedürftigkeit ist eine göttliche Gabe. Das Gebet nährt es und ist deshalb höchst heilsam.

Schließlich *dient das Gebet vor dem Segen dazu, uns dessen Wert zu zeigen.* Hätten wir die Segnungen, ohne darum zu bitten, so würden wir sie für gewöhnliche Dinge halten. Aber das Gebet macht die gewöhnlichen Kieselsteine der zeitlichen Gaben Gottes kostbarer als Diamanten, und im Geistlichen schleift das Gebet den Diamant, damit er noch heller leuchtet. Die Sache war köstlich, aber ich kannte ihre Köstlichkeit nicht, bis ich darum gebetet, lange gebetet hatte. Nach einer langen Jagd schätzt der Jäger das Tier um so mehr, weil er es so lange verfolgte und entschlossen war, es zu erlegen. Nach langem Hungern mundet die Speise doppelt gut. So versüßt das Gebet die Gabe.

3. Die heilige Kunst, das Gebet zu gebrauchen

Das Gebet ist das Mittel, um den Segen zu erlangen. Ihr fragt: Um was sollen wir beten? Ich antworte: Betet für euch selbst, betet für eure Familien, betet für die Gemeinden, betet für das eine große Reich unseres Herrn auf Erden.

Betet für euch selbst. Gewiß wird es euch niemals an etwas fehlen, um das ihr bitten könntet. Es gibt so viel, was euch not tut, so groß ist eure Bedürftigkeit, daß ihr, bis ihr im Himmel seid, immer Stoff zum Gebet finden werdet. Hast du nichts nötig? Dann, fürchte ich, kennst du dich selber nicht. Hast du keine Gnadengabe von Gott zu erbitten? Dann, fürchte ich, hast du nie Gnadengaben von ihm gehabt, und bist noch »voll bitterer Galle und verknüpft mit Ungerechtigkeit«. Wenn du ein Kind Gottes bist, werden deine Bedürfnisse so zahlreich sein wie deine Augenblicke, und du wirst so viele Gebete nötig haben, wie es Stunden gibt. Bete, daß du heilig, demütig und geduldig sein mögest; bete, daß du Gemeinschaft mit Christus haben und zu »dem Festmahl seiner Liebe« eingehen mögest. Bete für dich selbst, daß du ein Beispiel für andere sein, Gott auf Erden ehren und dereinst sein Reich ererben mögest.

Danach betet für eure Familien; für eure Kinder. Wenn sie fromm sind, könnt ihr immer noch beten, daß ihre Frömmigkeit wahrhaftig sei und ihr Christsein aufrichtig. Und wenn sie ohne Gott leben, so habt ihr eine ganze Quelle von Gründen zum Gebet. So lange du ein unbegnadigtes Kind hast, bete für es; so lange du ein errettetes Kind am Leben hast, bete, daß es bewahrt bleibe. Aber wenn du keine Kinder hast, so bete für deine Knechte und Mägde oder wer dir sonst zur Hand geht. Ich möchte nicht, daß mich jemand bediente, für den ich nicht beten könnte. Vielleicht wird der Tag, wo diese Erde vergehen wird, der Tag sein, der nicht durch Gebet erhellt ist; und vielleicht war der Tag, an dem eine große Untat von jemand begangen wurde, der Tag, wo seine Freunde aufhörten, für ihn zu beten. Betet für euer Haus.

Und dann betet für die Gemeinde. Laßt den Prediger einen Platz in eurem Herzen haben. Nennt seinen Namen in der Hausandacht und im Betkämmerlein. Ihr erwartet, daß er Tag für Tag komme, euch die Dinge des Himmelreichs zu lehren, daß er »erwecke und erinnere euren lautern Sinn«. Wenn er ein wahrhafter Prediger ist, so wird er in dieser Sache zu arbeiten haben. Kennst du die Sorgen eines Predigers? Kennst du die Mühen, die ihm seine eigene Gemeinde bereitet? Welchen

Kummer ihm die Irregehenden verursachen, wie selbst die Frommen infolge ihrer Schwachheiten ihn beunruhigen?

Und er ist das Reservoir für alle, sie kommen mit all ihrem Kummer zu ihm, er hat zu »weinen mit den Weinenden«. Und auf der Kanzel, was ist da seine Arbeit? Ich kann doch nicht meine Predigt aufschreiben, um sie euch vorzulesen. Christus sprach doch nicht: »Gehet hin und leset das Evangelium jeder Kreatur.« Gott ist mein Zeuge, ich bereite mich kaum jemals mit Vergnügen für die Kanzel vor: Das Studieren für die Predigt ist für mich die drückendste Arbeit in der Welt. Soviel ich weiß, bin ich nie mit einem Lächeln im Herzen in dieses Haus gekommen; ich mag zuweilen mit einem weggegangen sein; aber nie habe ich eins gehabt, wenn ich hereinkam. Predigen, predigen, zweimal des Tages*, das kann und will ich tun. Aber es ist eine schwere Arbeit, und Angst liegt in der Vorbereitung darauf. Selbst das Halten der Predigt ist nicht immer von Freude und Fröhlichkeit begleitet.

Gott weiß, wäre es nicht um des Guten willen, das, wie wir hoffen, durch die Predigt des Wortes ausgerichtet werden wird, so ist es kein Glück für das Leben eines Menschen, sehr bekannt zu sein. Es raubt ihm alle Behaglichkeit. Vom Morgen bis Abend wird er von Arbeit gehetzt, seine Füße und sein Gehirn haben keine Ruhe – ein großes, religiöses Mietspferd sein – jede Bürde tragen – die Leute fragen zu hören, wie sie auf dem Lande tun, wenn sie in einen Wagen steigen: »Faßt der Wagen so viele?« aber niemals, ob das Pferd ihn ziehen kann; sie fragen hören: »Wollen Sie an dem und dem Ort predigen? Sie predigen dort zweimal, könnten Sie es nicht möglich machen, auch hierher zu kommen zum Predigen?«

Wenn ein Prediger entschlossen ist, seine Pflicht zu tun an dem Platz, an den ihn Gott berufen hat, so braucht er die Gebete der Gemeindeglieder, damit er imstande ist, das Werk auszurichten. Ich danke Gott, daß ich ein tapferes Korps von Männern habe, die Tag und Nacht meinetwillen den Thron

* Spurgeon hat zeitweilig oft 10–12, ja, 14mal in der Woche gepredigt.

Gottes belagern. Ich möchte euch, meine Brüder und Schwestern, wieder bitten, nach all den vergangenen wundervollen Tagen und all den harten Kämpfen, die wir Seite an Seite gefochten haben, hört jetzt nicht auf zu beten. Was war das für eine Zeit, wo wir in Stunden der Not zusammen unsere Knie im Gotteshause beugten und zu Gott beteten, daß er uns einen Segen geben möchte! Ihr erinnert euch, wie große und schwere Leiden über unserem Haupte dahinrollten, – wie schlecht die Menschen uns behandelten. Wir gingen durch Feuer und durch Wasser, und nun, da Gott uns in einen weiten Raum geführt hat und unsere Zahl so vermehrt hat, laßt uns nicht aufhören zu beten. Laßt uns immer noch zu dem lebendigen Gott schreien, daß er uns einen Segen gebe. Oh! möge Gott mir helfen, wenn ihr aufhört, für mich zu beten! Laßt mich den Tag wissen, dann muß ich aufhören zu predigen. Laßt mich wissen, wann ihr mit euren Gebeten aufzuhören beabsichtigt, und ich will rufen: »O Gott, gib mir diesen Tag mein Grab und laß mich im Staube schlummern.«

Und schließlich: *Betet für das Reich Gottes im allgemeinen.* Es ist eine glückliche Zeit, in der wir leben. Eine bestimmte Sorte krächzender Seelen, die nie zufrieden sind, jammern beständig über die Schlechtigkeit der Zeiten. Sie rufen: »Oh, hätten wir die guten, alten Zeiten!« Nun, dies sind die guten, alten Zeiten; die Zeit war nie so alt, wie sie jetzt ist. Dies sind die besten Zeiten. Ich denke, mancher alte Puritaner würde aus seinem Grabe springen, wenn er wüßte, was jetzt geschieht. Wenn sie von der großen Bewegung in Exeter-Hall hören könnten, so würde mancher unter ihnen, der einst gegen die erstarrte Kirche focht, seine Hand zum Himmel aufheben und rufen: »Mein Gott, ich lobe Dich, daß ich einen solchen Tag wie diesen sehe!« In diesen Zeiten werden manche Schranken niedergebrochen. Die scheinheiligen Menschen sind bange; sie schreien ganz verzweifelt, weil sie denken, Gottes Kinder würden bald zu viel Liebe für einander haben. Sie sind bange, daß es mit dem Geschäft der Verfolgung bald zu Ende sein wird, wenn wir immer einiger werden. Deshalb erheben sie ein Geschrei und sagen: »Dies sind keine guten Zeiten.« Aber wahre

Liebhaber Gottes werden sagen, daß sie keine besseren Tage als diese gesehen haben; und sie blicken alle hoffnungsvoll nach noch größeren Dingen aus.

Wenn ihr Bekenner nicht überaus ernst im Gebete seid, so wird es zu eurer Unehre gereichen, daß ihr die schönste Gelegenheit, die Menschen je hatten, versäumt habt. Eure Väter, die in Tagen lebten, als große Männer mit viel Macht predigten, – ich denke, wenn sie nicht gebetet hätten, wären sie ebenso untreu gewesen, wie ihr es sein würdet. Denn jetzt wird das Schiff von der Flut getragen. Wenn ihr jetzt schlaft, werdet ihr nicht in die Mündung des Hafens einlaufen. Jetzt ist eure Zeit! Versäumt ihr jetzt, euren Samen zu säen in dieser guten Saatzeit; versäumt ihr jetzt, eure Ernte einzuheimsen in diesen guten Tagen, wo sie reif ist und dunklere und gefährlichere Tage kommen können, wird Gott sagen: »Weil sie nicht zu mir schreien wollten, als ich meine Hände ausstreckte, sie zu segnen, will ich meine Hand abziehen und sie nicht mehr segnen, bis sie mich wiederum suchen.«

Und nun zum Schluß. Es ist ein junger Mann hier, der kürzlich bekehrt worden ist. Seine Eltern können ihn nicht leiden; sie setzen ihm den stärksten Widerstand entgegen und drohen, wenn er nicht abließe zu beten, ihn aus dem Hause zu jagen. Junger Mann! Ich will dir eine kleine Geschichte erzählen. Es war einst ein junger Mann in deiner Lage; er hatte angefangen zu beten, und sein Vater wußte es. Er sagte zu ihm: »Johannes, du weißt, ich bin ein Feind der Religion, und nie soll in meinem Hause gebetet werden.« Dennoch fuhr der junge Mann mit ernstem Flehen fort. »Gut«, sagte der Vater eines Tages unwillig, »du mußt entweder Gott aufgeben oder mich; ich schwöre feierlich, daß du nie wieder über meine Schwelle treten sollst, wenn du dich nicht entschließt, das Beten aufzugeben. Ich gebe dir bis morgen Zeit zur Wahl.« Die Nacht wurde von dem jungen Gläubigen im Gebet zugebracht. Er stand am Morgen auf, traurig, von seinen Verwandten verstoßen zu werden, aber entschlossen, seinem Gott zu dienen, komme, was da wolle. Der Vater redete ihn barsch an: »Nun, was ist deine Antwort?« »Vater«, sagte er, »ich kann mein Gewissen nicht vergewaltigen, ich kann meinen Gott nicht verlassen.« »Gehe augenblicklich«, sagte er. Und die Mutter stand dabei; des Vaters Härte hatte auch sie hart gemacht, und obwohl sie hätte weinen wollen, verbarg sie doch ihre Tränen. »Geh augenblicklich«, sagte er. Indem er über die Schwelle trat, sagte der junge Mann: »Ich wünschte, du gewährtest mir eine Bitte, ehe ich gehe; und wenn du das tust, will ich dich nie wieder belästigen.« »Gut«, sagte der Vater, »du sollst haben, was du willst. Aber merke dir, danach gehst du und bekommst nie wieder etwas.« »Ich möchte«, sagte der Sohn, »daß du und Mutter niederknien und mich für euch beten laßt, ehe ich gehe.« Nun, dagegen wußten sie nichts einzuwenden. Der junge Mann kniete sofort nieder und begann mit solcher Salbung und Kraft zu beten, mit solch sichtbarer Liebe zu ihren Seelen, mit solch wahrem und göttlichem Ernste, daß beide Eltern niederfielen, und als der Sohn aufstand, lagen sie noch da. Und der Vater sagte: »Du brauchst nicht zu gehen, Johannes, komm und bleibe, komm und bleibe.« Und es dauerte nicht lange, bis nicht bloß er, sondern sie alle anfingen zu beten, und sie schlossen sich einer christlichen Gemeinde an. Deshalb gebt nicht nach. Beharrt freundlich, aber fest. Es mag sein, daß Gott euch in den Stand setzt, nicht nur eure eigenen Seelen errettet zu wissen, sondern das Werkzeug zu sein, eure euch verfolgenden Eltern zum Fuße des Kreuzes zu bringen. Daß dies der Fall sein möge, ist unser ernstes Gebet. Amen.

III. Das Gebet des Hilfesuchenden

»Herr, gedenke meiner nach deiner Gnade, die du deinem Volk verheißen hast; erweise an uns deine Hilfe, daß ich sehen möge die Wohlfahrt deiner Auserwählten und mich freue, daß es deinem Volk wohl geht, und mich deines Erbteils rühme.« Psalm 106,4.5

Wir betrachten es immer als ein hoffnungsvolles Zeichen, wenn ein Mensch anfängt, über den persönlichen Glauben nachzudenken. Bloß mit dem Haufen kommen und in Verbindung mit ihm anzubeten, ist eine armselige Sache. Aber das ist ein seliges Zeichen: wenn ein Mensch dahin kommt, das Gewicht seiner eigenen Sünde zu fühlen und sie von Herzen vor Gott zu bekennen; wenn er für sich seines Heilandes bedarf und anfängt, allein zu beten, damit er diesen Heiland finde; wenn er nicht damit zufrieden ist, das Kind gläubiger Eltern oder nach der Weise gewisser Sekten in seiner Kindheit in die Kirche aufgenommen zu sein, sondern wenn er nach wirklicher Gottseligkeit, nach persönlichem Glauben, nach wahrer Bekehrung schmachtet.

Wir freuen uns noch mehr, wenn ein Mensch die Gebete, die er auswendig gelernt und wie ein Papagei zu wiederholen pflegte, aufgibt und nun in der Sprache seines Herzens redet. Wenn diese Sprache auch gebrochen ist oder nur aus Seufzen, Stöhnen und Tränen besteht, so ist das doch ein glücklicher Umstand. »Siehe, er betet«, das genügte dem Ananias; er war sicher, daß Paulus bekehrt sein müsse; und wenn wir einem Menschen begegnen, der betet und ernstlich um sein persönliches Heil ringt, so fühlen wir, daß dies Gottes Finger ist, und unser Herz in uns freut sich.

Unsere Bibelstelle ist eines dieser ernsten persönlichen Gebete, die wir gern von irgendwelchen Lippen hören. Ich will sie noch einmal lesen und sie dann in zwei- oder dreifacher Weise anzuwenden suchen.

»Herr, gedenke meiner nach deiner Gnade, die du deinem

Volk verheißen hast; besuche mich mit deinem Heil, daß ich sehen möge die Wohlfahrt deiner Auserwählten und mich freue, daß es deinem Volke wohl gehet; daß ich mich deines Erbteils rühme.«

Nun, dies ist erstens ein sehr passendes Gebet für den demütigen Gläubigen – es war ein solcher, der es zuerst betete. Dann dürfte es eine sehr passende Bitte für einen bußfertigen Abgewichenen sein, und drittens ist es ein liebliches evangelisches Gebet für eine suchende Seele. Möge der Heilige Geist das Wort an jedem dieser Betroffenen segnen!

1. Das Gebet eines demütigen Christen

Mir ist, als könnte ich ihn hören, wie er fast dieselben Worte gebraucht.

Dieser arme zitternde Christ fürchtet, er sei so unbedeutend, daß Gott ihn vergessen habe, und deshalb beginnt er: »Gedenke meiner nach der Gnade, die du deinem Volke verheißen hast!«

Ich kenne diesen Mann sehr wohl. Ich halte viel von ihm, aber er hält sehr wenig von sich. Ich bewundere seine Demut, aber er klagt oft über den Stolz seines Herzens. Er ist ein wahrer Gläubiger, aber er ist ein betrübter Zweifler. Armer Mann! Er läßt oft den Kopf hängen, denn er hat ein starkes Bewußtsein von seiner eigenen Unwürdigkeit; ich wünschte nur, daß er auch ein gleiches Bewußtsein von Christi Fülle hätte, welche seiner Demut das Gegengewicht gibt. Er ist auf dem Wege zum Himmel, aber er fürchtet oft, daß das nicht der Fall ist, und das veranlaßt ihn, jeden Tritt, den er tut, zu bewachen. Ich wünschte fast, daß etliche vertrauensselige Bekenner ebenso zweifelnd wären wie er, und daß sie wenigstens halb so vorsichtig wären. Er fürchtet sich, einen Fuß vor den anderen zu setzen, weil er nicht verkehrt gehen möchte, und doch beklagt er seinen Mangel an Wachsamkeit. Er klagt stets über die Härtigkeit seines Herzens, und doch ist er die Zartheit selber.

Und ihr solltet den lieben Mann beten hören! Seine Gebete gehören zu den ernstesten und gesegnetsten, denen ihr jemals zugehört habt – aber nachdem er geendet hat, fürchtet er, daß er seinen Mund gar nicht wieder auftun dürfe. Er sagt, er sei nicht imstande, vor anderer Ohren zu beten. Er hält seine Gebete für die armseligsten, die je zum Thron Gottes hinauf gesandt sind; ja, er fürchtet, daß sie dort gar nicht ankommen, sondern rein verschwendet sind. Er empfängt gelegentlich Strahlen von der Sonne, und wenn er die Liebe Gottes in seiner Seele empfindet, ist er so fröhlich, wie das Heimchen auf dem Herde. Es gibt unter dem Himmel keinen so fröhlichen Menschen, wie er es ist, wenn seine Hoffnung auflebt.

Aber er ist hinsichtlich der Sünde so zart, daß er sich geißeln könnte, wenn er fühlt, daß er ein wenig kalt wird oder in einem gewissen Maße abgewichen ist; darüber freue ich mich. Aber er fängt damit auch an, sein Interesse an seinem Herrn zu bezweifeln, worüber ich mich nicht freue, aber ich bemitleide ihn und tadle ihn auch, wenngleich ich großes Mitleid für ihn empfinde. Nur bin ich mir über den Namen dieses lieben Mannes nicht ganz klar, ob er Kleinglaube oder Kleinmut heißt. Oder ist es Herr Verzagtheit, dessen ich gedenke? Jedenfalls gehört er dieser zahlreichen Familie an.

Die arme Seele meint: »Gewiß wird Gott meiner vergessen!« Nein, nein, liebes Herz, er wird deiner nicht vergessen. Es ist wundervoll, wie Gott der kleinen Dinge gedenkt. Da pickte einer, den ich auch kenne, in der Wüste ein wenig Moos auf, und als er bemerkte, wie schön buntfleckig es war, sagte er: »Hier ist Gott! Er denkt an das Moos, und darum wird er auch an mich denken.« Da wuchs eine kleine Pflanze inmitten des Waldes, und die Bäume breiteten ihre Zweige darüber aus, und das Pflänzchen sagte bei sich: »Das Sonnenlicht wird mich nie erreichen. Ich habe ein kleines Blütchen, das ich gern öffnen möchte, aber ich kann es nicht ohne den Sonnenstrahl. Ach, er wird nie zu mir kommen. Sieh' das dicke Laubwerk, sieh' die ungeheuren Stämme dieser hochstrebenden Eichen und mächtigen Buchen – sie werden die Sonne vor meiner winzigen Gestalt wirksam verbergen.« Aber zur rechten Zeit blickt die Sonne durch die Bäume und lächelt das kleine Blümchen an, denn es gab noch nie eine Blume, deren Gott nicht gedacht, für die er nicht Sorge getragen hätte. Sagt ihr nicht mit Recht, daß jedes Grashälmchen seine eignen Tautropfen hat, und meint ihr, daß Gott eurer vergessen werde, so klein ihr auch seid? Er weiß, wann die Schwalben fliegen und wann die Ameisen erwachen und ihre Vorräte einsammeln, und sollte er eurer nicht gedenken?

Weil ihr klein seid, dürft ihr nicht argwöhnisch gegen die Liebe eures himmlischen Vaters sein. Mutter, welches Kind ist es, dessen du nie vergissest? Wenn du jemals des Abends zu Bette gingest und eines deiner Kinder noch draußen ließest, ich weiß, welches von ihnen das sicherlich nicht ist. Es ist nicht der Säugling, der hilflos an deiner Brust liegt. Dessen vergissest du nie. Und ihr Hilflosen, ihr ängstlich Zitternden: Wenn der Herr einen vergessen müßte, so würde es der Starke sein, aber nie ihr! Während ihr betet: »Gedenke meiner nach der Gnade, die du deinem Volk verheißen hast«, antwortet euch der Herr: »Ich gedenke deiner beständig.«

Dieses arme zitternde Herz scheint in großer Besorgnis zu sein, daß der Herr an ihm vorübergehen könnte; zu gleicher Zeit aber fühlt es, daß alles Gute, das ihm möglicherweise werden kann, von dem Herrn kommen muß und ihm auch von dem Herrn gebracht werden muß. Beachte die Worte: »Besuche mich mit deinem Heil«, was heißt: »Herr, ich kann nicht zu dir kommen. Ich bin zu lahm und zu schwach, um zu kommen; aber besuche du mich. O Herr, ich bin gleich dem Zerschlagenen zwischen Jericho und Jerusalem; ich bin halbtot und kann mich nicht bewegen. Komm zu mir, Herr; denn ich kann mich nicht zu dir hinbewegen. Besuche mich, denn nur deine Besuche können meinen Geist aufrechterhalten. Ich bin so verwundet und so zerbrochen, daß, wenn du mich nicht mit deinem Heil besuchst, ich ebenso verloren bin, als ob ich nie zuvor errettet worden wäre.«

Nun, arme zitternde Seele, laß mich dir ein kurzes Wort ins Ohr flüstern, und möchte der Heilige Geist es zu einem Trostwort für dich gestalten: Wenn du ein zerbrochenes Herz hast, brauchst du nicht zu sagen: »Herr, besuche mich.« Weißt du nicht, daß er in dir wohnt, denn steht nicht geschrieben: »Ich sehe aber den an, der zerbrochenen Herzens und bekümmerten

Geistes ist und der sich fürchtet vor meinem Wort«? Bist du nicht die hier bezeichnete Person! Ich wünschte, du könntest dich über Gottes Wort freuen. Aber da du das nicht kannst, so freue ich mich, daß du dich vor demselben füchtest, denn du bist der Mann, bei dem Gott nach seiner Verheißung wohnen will. Halte dich daran und glaube, daß der Herr dich ansieht und bei dir wohnt.

Welch ein klagendes Gebet ist dies! Beachte sorgfältig, daß dieser Arme, Schwache sich danach sehnt, teilzuhaben an den Segnungen, welche der Herr seinem Volk spendet, und an der Freude, die er für dasselbe vorrätig hält. Er spricht etwa in folgender Weise: »Ich höre viele Christen um mich her sagen, daß sie gewiß sind – o daß ich etwas von ihrer Gewißheit hätte! Ich höre sie so vertrauensvoll und mit so völliger Gewißheit sprechen, und ich sehe, wie das Licht aus ihren Augen strahlt, wenn sie von ihrem lieben Herrn und Meister und von seiner Liebe zu ihnen reden. Wie wünschte ich, daß ich auch so reden könnte! Ich Armer aber bin nur imstande zu sagen: ›Ich glaube, lieber Herr, hilf meinem Unglauben!‹ Ich sehe sie an der reich gedeckten Tafel sitzen, und sie scheinen sich überschwenglich zu weiden; ich aber bin froh, von den Brosamen zehren zu können, die von des Meisters Tisch fallen; dennoch wünschte ich auch sitzen zu können, wo andere Gotteskinder sitzen. Daß ich doch auch von Gemeinschaft und inniger Verbindung und innerer Freude und von überfließender Seligkeit reden könnte!

Etliche von ihnen sagen mir, daß sie auf der Schwelle des Himmels sitzen und hineinblicken und die goldenen Straßen sehen, und daß sie zuweilen Harfentöne von den Seligen im fernen Lande hören. Wie wünsche ich, von dieser Freude auch schlürfen zu können; aber ich muß in Mesech und unter den Hütten Kedars wohnen; die einzige Musik, die ich höre, ist der Lärm einer sündigen Welt, das Getöse derer, die vergnügt in ihren Sünden sind. Ich vermisse diese köstlichen Dinge, deren sich die Heiligen erfreuen.«

Armes, kummervolles Herz! Laß dir sagen und dir in Gottes Namen sagen, daß alles dein ist, wenn du den Herrn liebst, alles, und du kannst es in diesem Augenblick genießen. Der Herr versagt dir keinen Bundessegen. Eigne dir kühn die heiligen Freuden an, denn solltest du auch das geringste Kind in der Familie sein – das Erbteil der Kinder Gottes ist für alle gleich. Es gibt nichts Köstliches, das Gott dir vorenthalten will. Nein, wenn ein Bissen besser ist als der andere, so ist er für solche da, wie du bist. Sei denn kühn! Wenn du der Benjamin in der Familie bist, sollst du Benjamins Teil haben, welches zehnmal größer ist als das der anderen. Er will dich trösten und segnen. Sei nur guten Mutes! Und wenn du betest: »Gedenke meiner nach deiner Gnade, die du deinem Volk verheißen hast«, so laß deinen Glauben IHN sagen hören: »Ich bin dein Teil.« Freue dich in dem Herrn, deinem Gott. Richte auf die lässigen Hände und stärke die müden Knie. Ist im Text nicht ein köstliches Gebet für dich? Bete es im Glauben und habe Frieden!

2. Die Bitte eines Bußfertigen, der zurückkommt

Ich weiß, hier sind Abgewichene, obgleich ich leider nicht gewiß bin, ob sie auch bußfertig sind. Der Herr allein kann in ihren Herzen lesen. Aber wenn sie bußfertig sind, kann ich mir kaum eine passendere Bitte für sie denken als die, welche wir vor uns haben.

Es ist klar, daß dieser arme flehende Abgewichene fühlt, daß er seinen Gott vergessen hat. Du auch? Du bist ein Gemeindeglied gewesen, bist aber irregegangen; hast seine Gebote ganz vergessen. Du dachtest, du liebtest ihn. Du pflegtest zu einer Zeit zu beten; du hattest beim Lesen und Hören des Wortes einigen Genuß, aber nun findest du dein Vergnügen anderswo. Du hast deine erste Liebe verlassen und bist anderen Liebhabern nachgegangen.

Aber wenn der Herr dir gnädig ist, dann beklagst du deine Vergeßlichkeit, und obgleich du seiner nicht gedacht hast, kommt dir doch dies Gebet auf die Lippen: »Herr, gedenke meiner.« Gelobt sei sein Name, er vergißt uns nicht so leicht, wie wir ihn vergessen. Wenn du wirklich bußfertig bist, so beweisen deine reuigen Empfindungen, daß Gott deiner gedenkt.

Er ist es, der dich zum Weinen bringt und dich über deine Sünden traurig macht. Wenn Gott dich ganz vergessen hätte, so würdest du kein Verlangen haben, zu ihm zurückzukehren; aber dieses innere Klopfen, diese verborgenen Seufzer, diese Wünsche, zum Herrn zurückgebracht zu werden: das alles beweist, daß er deiner gedenkt nach der Gnade, die er seinem Volk verheißen hat.

Und dann, denke ich, ist dein nächster Kummer der: Du fühlst, daß du deine Gemeinschaft mit Christus verloren hast, und du fühlst richtig so, denn »wie können zwei miteinander wandeln, wenn sie nicht übereinstimmen«? Wie könnte Christus auf dem Wege der Torheit mit dir Gemeinschaft haben? Meinst du, daß Christus kommen und tröstlich zu dir sprechen würde, während du dich mit nichtigen und unreinen Dingen beschäftigst? Wie könnte das sein? Alle freudige Gemeinschaft zwischen deiner Seele und Gott ist durchbrochen, und dennoch magst du beten: »Besuche mich mit deinem Heil. Herr, komm zu mir zurück. Komm, und wohne wieder bei mir!« Ist dies nicht ein Gebet, das um deinetwillen gemacht ist?

Und weiter bemerkt ihr im Text, daß der arme Abgewichene sich danach sehnt, einen Einblick in die guten Dinge zu haben, die eine lange Zeit hindurch vor ihm verborgen waren. Er ruft: ». . . daß ich sehen möge die Wohlfahrt deiner Auserwählten.« Er ist im fernen Lande gewesen, hat sich aber von den Trebern nicht sättigen können. Er hat gehungert und gedürstet, und nun erinnert er sich, daß im Hause seine Vaters Brot in Fülle ist. Verirrter, erinnerst du dich heute abend? Du weißt, du bist nicht glücklich, und du beginnst einzusehen, daß du nie glücklich werden wirst, solange du im fernen Lande weilst. Wenn du kein Kind Gottes gewesen wärest, hättest du ein glücklicher Weltling werden können, soweit der Weltling überhaupt Glückseligkeit kennt; aber wenn du jemals die Liebe Gottes erkannt hast, so bist du zu einem Weltling verdorben; und Gottes mußt du erkannt haben, sonst wärst du wirklich ein Heuchler gewesen. Seufzest du nicht zum Herrn, daß er dir die Wohltat wieder erzeigen möchte? Wohl, er wird das freiwillig tun, und er wird dir keine Vorwürfe machen. Komm und prüfe ihn; er ist bereit, dich an seine Brust zu drücken und die Vergangenheit zu vergeben und zu vergessen und dich wieder anzunehmen als einen, für den Jesus bezahlt hat.

Der arme Verirrte, der in den Worten meines Textes betet, sehnt sich, die Freude wieder zu genießen, die er zu genießen pflegte; denn er sagt: »daß ich mich freue in der Freude deines Volkes«, und er möchte wieder wie einst sprechen können: »daß ich mit deinem Erbteil rühmen kann«. Der Arme schämt sich, jetzt mit den Sündern zu sprechen. In deren Gesellschaft läßt er den Kopf hängen, denn da sind etliche, die ihn einen Abtrünnigen nennen. Er wünscht nicht, daß es bekannt werde, daß er einst ein Christ gewesen ist; darum stiehlt er sich förmlich in die Versammlungen der Heiligen, als ob er hoffen könnte, daß ihn hier niemand kennt. So halb schämt er sich, hier zu sein, und doch wünscht er, wieder der christlichen Bruderschaft anzugehören und daß er sich mit ihnen freuen könnte.

Mein armer Freund, einst pflegtest du kühn zu sein, wie ein junger Löwe, und nun lässest du die Flügel hängen? Wie kannst du bei allen deinen Unbeständigkeiten auch kühn sein! Es gab eine Zeit, da hättest du ein Märtyrer sein können; aber welcher Feigling bist du jetzt, und wer sollte sich darüber wundern, daß noch heimliche Sünde deinem Bekenntnis die Kraft entzogen hat? Du wirst dich nie wieder des Herrn rühmen können, bis du wieder zurückgekommen bist, wie du einst kamst mit dem Ruf: »Vater, ich habe gesündigt vor dir, und ich bin nicht mehr wert, daß ich dein Sohn heiße.« Komm jetzt zurück, mein Bruder. Blicke wieder zu Jesus auf! Selbst wenn du nicht abgewichen bist: Blicke wieder zu Jesus auf! Diejenigen von uns, welche nicht gefallen sind, tun wohl daran, mit unseren gefallenen Brüdern zu ihm aufzuschauen, denn dieser Segen tut uns allen not. Im gewissen Maße sind wir alle abgeirrt. Kommt, laßt uns von neuem auf die teuren Wunden blicken. Könnt ihr ihn nicht sehen? Es ist mir, als hinge er jetzt vor mir. Die Dornenkrone ist auf seinem Haupte, und seine Augen sind voll Mitleids und voll schmerzlichen Kummers. Ich sehe sein Angesicht mit Speichel bedeckt und von grausamen Schlägen entstellt. Ich sehe seine Hände und Füße, aus denen das Blut rinnt. Ich blicke auf zu ihm und ich rufe aus: »Glich jemals ein Schmerz deinem Schmerz, o du Schmerzenskönig?« Und während ich blicke, erinnere ich mich dessen, daß Gott die Sünde seines ganzes Volkes auf ihn gelegt hat, und indem ich blicke, weichen meine Sünden von mir, weil sie auf ihn gelegt worden waren. Indem ich blicke, beginnt mein Herz zu lieben, und dann beginnt es zu hüpfen. Indem ich blicke, komme ich wieder dahin zurück, wo ich zuvor stand; und nun ist Jesus wieder mein alles und ich freue mich seiner.

Hast du diesen Prozeß durchgemacht, Abgewichener? Wenn du es getan hast, während ich sprach, so laßt uns Gott miteinander preisen.

3. Das Gebet einer suchenden Seele

Ich bitte alle, die ihre Bekehrung wünschen, dieses Gebets zu gedenken. Sie täten gut, es niederzuschreiben, oder besser noch, es sogleich zum Himmel hinauf zu senden.

Beachtet es wohl. Wir beginnen damit, daß es das Gebet eines Sünders ist. »Gedenke meiner!« Der Übeltäter am Kreuz freute sich, diese Worte gebrauchen zu können. Der Arme konnte mit keinem Gebetbuch kommen, denn er war dem Tode nahe, und es war auch gar nicht nötig. Dies ist das beste Gebet: »Herr, gedenke an mich, wenn du in dein Reich kommst.« Zitternder Sünder, was jenem Missetäter paßte, das paßt dir auch. Bringe es jetzt: »Vergiß meine Sünden, mein Vater, aber gedenke meiner. Vergiß, daß ich aufgeschoben habe, vergiß, daß ich bisher meinen Heiland verworfen habe; vergiß die Härtigkeit meines Herzens, aber – gedenke meiner. Laß alles aus deinem Gedächtnis ausgetilgt werden; aber, lieber Vater, um der Liebe des Herrn Jesu willen, gedenke meiner.« Sünder, geh nicht nach Hause, ohne dieses Gebet vor Gott zu bringen.

Es ist das Gebet eines Verlorenen. »Besuche mich mit deinem Heil.« Niemand bedarf der Rettung, wenn er nicht verloren ist. Die nicht fühlen, daß sie verloren sind, mögen über das Heil sprechen, aber sie wissen nichts davon, und in Wirklichkeit begehren sie es nicht. Bist du in tausendfacher Weise verloren – verloren selbst für die Gesellschaft? Hier ist ein passendes Gebet für dich: »Besuche mich mit deinem Heil.« Jesus Christus ist nicht gekommen, die zu suchen und selig zu machen, die der Errettung nicht bedürfen, sondern zu suchen und selig zu machen, was verloren ist. Du bist es, den zu segnen er gekommen ist. Schau auf zu ihm, und du wirst finden, daß er der Heiland ist, nach dem du suchst. »Besuche mich mit deinem Heil.« Ich kann euch dieses Gebet nicht in die Herzen legen, aber Gott kann es, und ich flehe ihn von ganzer Seele an, daß er es vielen von euch auf den Galerien und denen dort unten gebe, zu rufen: »Besuche mich mit deinem Heil.«

Beachtet ferner, daß unser Text das Gebet eines ist, der ein trübes Auge hat: »daß ich sehen möge die Wohlfahrt deiner Auserwählten«. Wir haben die suchende Seele aufgefordert, auf Jesum zu schauen, aber sie klagt: »Ich versuche, zu sehen, aber ich kann nicht sehen.« Wenn du auch nicht sehen konntest – wenn du aber aufschautest, so wärest du wenigstens dem Befehl des Evangeliums gehorsam. Das Schauen würde dir das Heil bringen. Für dunkle Augen ist Christus die große Heilung. Er kann den Star heilen. Bitte ihn heute: »Herr, öffne meine blinden Augen, damit ich sehe das Glück deiner Auserwählten!«

Dann ist es ein Gebet für ein bedrücktes Herz. »Daß ich mich freue in der Freude deines Volkes.« Die suchende Seele klagt: »Daß ich ein wenig Freude oder auch nur eine schwache Hoffnung hätte! Und wenn es noch ein so geringes Teil Licht wäre, so würde ich mich doch freuen.« Bitte um Freude. Der Herr wartet darauf, sie zu geben; und wenn du an Jesus glaubst, soll deine Freude völlig werden.

Und schließlich, um euch nicht zu ermüden – ist unser Text das Gebet eines gedemütigten und in den Staub gelegten Geistes, der zu Gott schreit, daß er ihn in den Stand setze, mit seinem Erbteil zu rühmen, weil er alles anderen Ruhmes bar und alles Prahlens entleert ist. Praktisch betet er: »Herr, gib es mir, daß ich mich deiner Barmherzigkeit und Güte rühmen kann, denn ich habe nichts andres, dessen ich mich rühmen könnte.«

Nun, dieses Gebet ist es, das ich euch ans Herz legen möchte, und zwar aus folgenden Gründen:

Nehmt an, ihr lebtet jetzt, ohne das Glück der Auserwählten Gottes zu sehen, ohne selbst gerettet zu sein – welch ein elendes Leben wäre das! Ich kann nicht verstehen, was die Menschen ohne Gott machen; ich kann's nicht fassen, wie sie ohne ihn leben können.

Mensch, hast du keine Sorgen?

»Oh«, sagst du, »ich habe Sorgen die Fülle.«

Wohl, wo gehst du damit hin? Ich habe genug Kümmernisse, aber ich habe einen Gott, zu dem ich sie bringe. Was tust du mit deinen vielen Unruhen ohne Gott? Beunruhigen deine Kinder dein Gemüt nie? Wie kannst du mit schlechten Kindern und ohne Gott leben? Hast du in deinem Geschäft niemals Geldverluste? Fühlst du dich nie zerrissen? Sagst du nie: »Was soll ich machen? Wohin soll ich mich wenden?« Ich denke, du tust es. Und was tust du dann ohne einen Helfer, ohne einen Führer? Ich bin ein Wesen, deshalb eile ich unter den Schutz meines Vaters, und dort fühle ich mich sicher. Aber wohin wendest du dich? Wohin fliehst du? Was ist dein Trost?

Ich nehme an, daß du in etwa den armen Geschöpfen gleichst, die in alten Zeiten zum Tode verurteilt wurden, und denen man einen betäubenden Trank darreichte, damit sie sterben könnten, ohne die Schrecken des Todes zu empfinden; sicherlich mußt du dich unter einem starken Betrug befinden, daß du eine Lüge glauben kannst, denn wenn du deine vollen Sinne hättest, könntest du ohne einen Gott gar nicht fertig werden – nicht mit deinen schönen Gärten und feinen Parkanlagen, deinem Wohlstand und Reichtum, nicht die meisten unter euch mit eurer Armut und eurer schweren Arbeit.

Armer Mensch ohne Gott, wie kannst du dich nur aufrecht halten? Welchen Trost hast du in deinem Leben? Kein Gebet am Morgen, kein Gebet am Abend – welche Tage, welche Nächte! Oh, Leute, ich könnte glauben, daß ich ebensogut ohne zu essen oder ohne zu atmen leben könnte, als ohne Gebet zu leben. Elende, nackte Geister, ihr habt keinen Gott, der euch zudeckt! Aber wenn es schlecht ist, ohne Christus zu leben – und ich bin sicher, daß das sehr schlecht ist –, was wird es sein, ohne ihn zu sterben? In die Zukunft blicken und kein Licht zu sehen – kein Licht, und niemand zu haben, der euch welches bringt! Du hast zu dem Prediger gesandt, und er hat mit dir gesprochen, aber er kann dir nicht helfen. Du hast die Gebete deiner Familie gehabt; sie haben bei dem Gedanken, dich verlieren zu müssen, geseufzt und gefleht; aber du schaust für dich allein aus und vor dich hin wie jemand, der in einem kalten Wintersturm auf ein erzürntes Meer blickt, und du kannst nichts als die greifbare Finsternis sehen.

Oder, um das Bild zu wechseln, du bist gleich einem Mann auf jenem Wrack. Sieh', er klammert sich an den Mastbaum; er hört das Brausen des Windes, der ihn wieder und wieder umheult. Er kann die Seemöwen über sich kreischen hören, und sie scheinen ihm seinen Untergang zu prophezeien. Die Wogen brechen über ihm und tauchen ihn in ihr Salzwasser ein, bis er ganz erstarrt im furchtbaren Rachen des Todes schwebt. Das Rettungsboot hatte aufgenommen, was es nur konnte, und es kommt nicht wieder zurück, und wenngleich er sich mit wahrer Verzweiflung anklammert, so weiß er doch, daß es verlorene Hoffnung ist. Er wird in die See hinausgetrieben, und sein Leichnam wird da liegen, wo die Perlen in der Tiefe liegen, in den Höhlen, wo tausende von Skeletten während der vielen Jahre gebleicht worden sind. Seine Lage ist schrecklich, und doch ist sie nur ein schwaches Bild von einer Seele, die ohne Anteil an dem Heil Christi den Leib verläßt. Ehe du in diesen Zustand übergehst, rufe zu Gott: »Gedenke meiner nach der Gnade, die du deinem Volk verheißen hast. Oh, besuche mich mit deinem Heil.«

Aber der Nebel verdichtet sich und die Stürme toben mit zehnfacher Wut, wenn wir dahin kommen, darüber nachzudenken, was es sein muß, ohne Christus aus dem Grabe aufzuerstehen. Wenn jener letzte Posaunenschall ertönt ist und jedes Grab und jedes Grabgewölbe seinen Schläfer hergibt, und das Meer seine Toten zurückgibt und die Schlachtfelder von den Myriaden der Erschlagenen, die nun wieder leben, wimmeln, und am Himmel dann der große weiße Thron und auf demselben des Menschen Sohn sichtbar wird, der für Sünder blutet und nun kommt, um seine Widersacher zu richten – was wollen dann die Menschen machen, die keine persönliche Religion, kein Anrecht an Christus, keinen Teil an seinem Heil haben? Die Heilige Schrift erzählt uns, daß sie die Berge auffordern werden, über sie zu fallen, und die Hügel, sie zu bedekken; aber diese haben kein Mitleid, und sie werden ihnen keinen Schutz gewähren. Es gibt keine Zuflucht für die Gottlosen, und sie haben nichts anderes vor sich als den feurigen Zorn des lebendigen Gottes. Oh, bekehrt euch, bekehrt euch, denn warum wollt ihr sterben?

Diese große Versammlung ist für viele von euch ein ganz gewöhnlicher Anblick. Ich muß bekennen, daß ich nicht ohne tiefe Bewegung darauf blicken kann, obgleich ich sie an jedem Sonntag zweimal vor mir sehe. Da seid ihr alle, und ich, ein einzelner Mann, stehe hier, um im Namen Gottes zu euch zu sprechen. Meine Seele wäre nichts wert, wenn ich euch gegenüber nicht ernst wäre; aber ich bin nicht halb so ernst, wie ich es sein sollte. Doch höret mich noch einmal. Ich bin in dieser Stunde ein wahrer Prophet, wenn ich euch sage, daß ihr diesen Anblick wieder haben werdet, wenn ihr den Heiland verwerfet. Durch die Flammen der Hölle hindurch werdet ihr die Versammlung wieder sehen, und ihr werdet bei euch sagen: »Der Prediger warnte uns; er forderte uns auf, um Barmherzigkeit zu Gott zu flehen; er verwies uns auf den Heiland. Er veranlaßte uns damals und dort, zu beten.« Ihr werdet euch meiner Vorstellungen und Bitten erinnern, und dann wird sich eure Angst erneuern, während ihr in die nie endende Klage ausbrecht: »Gott rief, und ich antwortete nicht; er reckte seine Hand aus, und ich achtete nicht darauf, und nun ist der Gnadentag vorüber, und der Christus, den ich verachtet habe, rettet nicht mehr, da nun gekommen ist, was zu fürchten war: denn es gibt keine Hoffnung – keine Hoffnung. Ich habe zu spät an die Tür der Barmherzigkeit angeklopft. Meine Lampe ist erloschen. Ich war eine törichte Jungfrau und befinde mich nun in äußerster Finsternis.« In dem Namen des ewigen Gottes bitte ich euch: Unterwerft euch sofort Christus, eurem Herrn, und ihr werdet leben. Amen. Amen.

IV. Das Gebet als Macht

»Was wir bitten, empfangen wir von ihm, weil wir seine Gebote halten und tun, was vor ihm gefällig ist. Und das ist sein Gebot, daß wir glauben an den Namen seines Sohnes Jesus Christus und lieben uns untereinander, wie er uns das Gebot gegeben hat. Und wer seine Gebote hält, der bleibt in ihm und er in ihm. Und daran erkennen wir, daß er in uns bleibt: an dem Geist, den er uns gegeben hat.« 1. Johannes 3, 22–24

Ich hatte mir vorgenommen, heute von der Wichtigkeit des Gebets zu euch zu reden und euch dringend zu ermuntern, für mich und für das Werk des Herrn, das wir treiben, intensiv zu flehen. »Brüder, betet für uns.« Was kann unser Dienst am Evangelium nützen ohne den göttlichen Segen, und wie können wir den göttlichen Segen erwarten, wenn er nicht von der Gemeinde Gottes erfleht wird? »Brüder, betet für uns!« Vernachlässigt das Gebet nicht! Im Gegenteil, seid inbrünstig in eurer Fürbitte, laßt sie überströmen. Nur so kann das Werk der Gemeinde gefördert werden.

Aber dann drängte sich mir die Frage auf: Wie, wenn sich in der Gemeinde irgend etwas fände, was der Erhörung unsrer Gebete im Wege stände? Dieser Frage müssen wir nachgehen, noch bevor wir zur Fürbitte auffordern. Schon das erste Kapitel des Propheten Jesaja belehrt uns, daß die Gebete eines unheiligen Volkes vor Gott gar leicht zum Greuel werden. »Wenn ihr auch eure Hände ausbreitet, verberge ich doch meine Augen vor euch; und wenn ihr auch viel betet, höre ich euch doch nicht, denn eure Hände sind voll Blut« (Jesaja 1,15). Gemeinden können in einen Zustand geraten, daß ihre Gottesdienste zur Gotteslästerung werden. Wenn wir die Gottlosigkeit, die noch in unserem Herzen wohnt, anschauen, so kann der Herr uns nicht erhören. Nach unserem Schriftwort gibt es einige Dinge, die für die Erhörung der Gebete wesentlich sind. Gott will alle wahren Gebete erhören; aber es gibt bestimmte Dinge, die das Volk Gottes besitzen muß, sonst verfehlen unsere Gebete ihren Zweck. Unser Text belehrt uns: »Was wir bitten, empfangen wir von ihm; denn wir halten seine Gebote und tun, was vor ihm gefällig ist.« Laßt uns also die wesentlichen Bedingungen für die Erhörung unsrer Gebete betrachten: was müssen wir tun, was müssen wir sein, was müssen wir haben, damit unsere Gebete bei Gott stets Beachtung finden.

1. Was muß ich tun, damit Gott mein Gebet erhört?

Hier gilt es, einige Unterscheidungen zu machen. Meiner Meinung nach besteht ein großer Unterschied zwischen dem Gebet eines Menschen, der Begnadigung sucht, und dem Gebet eines Menschen, der schon errettet und selig geworden ist. Ich möchte einem jeden zurufen: Wenn du ernstlich Begnadigung von Gott suchst in Jesus Christus, so empfängst du sie. In welchen Lebensverhältnissen du früher auch gestanden haben magst, wenn du nur reuevoll das Angesicht Gottes suchst durch den von Gott eingesetzten Mittler Jesus Christus, so wird er sich von dir finden lassen. Wenn dich der Heilige Geist beten gelehrt hat, so zögere nicht länger, sondern eile zum Kreuz und vertraue dein schuldbeladenes Leben Jesus an. Ich kenne keine Vorbedingungen für das erste Gebet eines Sünders, als daß es ernstlich gemeint sei.

Aber anders müssen wir mit denen unter euch reden, welche schon Errettung gefunden haben. Ihr seid nun Gottes Kinder geworden. Natürlich werdet ihr erhört, genau wie ein Sünder erhört würde, und findet täglich die notwendige Gnade, welche jede suchende Seele als Antwort ihres Gebets empfängt. Doch jetzt seid ihr Kinder Gottes und genießt eine besondere Erziehung, die der wiedergeborenen Familie eigentümlich ist. Dabei haben Gebetserhörungen einen hohen Stellenwert und sind von großem Segen. Es liegt für den Gläubigen eine Erquickung darin, die weiter und höher geht als die bloße Errettung. Es sind Gnadengaben und Segnungen, Tröstungen und Gunstbeweise, die sein jetziges Leben segensreich, glücklich und geachtet machen. Und diese haben eine Beziehung zu seinen Charaktereigenschaften. Sie sind keine Grundbedingungen für seine

Seligkeit; die besitzt jeder Gläubige ohne alle Vorbedingungen, denn sie ist eine Bundesverheißung. Aber wir reden jetzt von den Segnungen, die uns geschenkt oder vorenthalten werden, je nach unserem Gehorsam als Kinder Gottes. Wenn ihr die Pflichten der Kinder Gottes vernachlässigt, so habt ihr keinen Anteil an diesen Geschenken des himmlischen Vaters.

Um es in einem Bilde zu sagen: Wenn ein Hungriger vor eurer Tür wäre und um ein Stück Brot bäte, so würdet ihr's ihm geben, was für ein Mensch er auch sein mag; auch eurem Kind gebt ihr zu essen, wie es sich auch betragen haben mag; ihr versagt eurem Kinde nichts, was es zum Leben braucht; ihr straft es nie in der Weise, daß ihr ihm die nötige Nahrung versagt oder ein Kleidungsstück verweigert, das es zum Schutz gegen die Kälte bedarf. Aber es gibt viele andere Dinge, die euer Kind begehren kann, und die ihr ihm gewährt, wenn es folgsam ist, die ihr ihm aber verweigert, wenn es sich widerspenstig gezeigt hat. Dies mag euch zur Erläuterung dienen, in welcher Weise die väterliche Erziehung Gottes erfolgt.

Unsere Schriftstelle bezieht sich also nicht auf Gottes Erhörung der Bitten seiner Kinder, die sie in bestimmten Fällen an ihn richten; denn die erhört er, auch wenn sie von seinem Weg abgeirrt sind und wenn er sein Antlitz vor ihnen verbirgt. Die Macht des Gebets, auf welche hier hingewiesen wird, ist eine fortwährende und unbedingte Macht bei Gott, so daß wir, um mit unsern Schriftworten zu reden, »alles, was wir bitten, empfangen«.

Für ein solches Gebet bestehen gewisse Vorbedingungen und wesentliche Erfordernisse, von denen wir nun zu reden haben. Die erste ist: *Kinderlicher Gehorsam*. »Was wir bitten, das empfangen wir von ihm, weil wir seine Gebote halten.« Wenn es bei uns hieran fehlt, dann schaut der Herr auf uns, wie auf das Volk Israel: »Ihr habt mich verlassen und andren Göttern gedient; darum will ich euch nicht mehr helfen. Geht hin und schreit zu den Göttern, die ihr erwählt habt« (Richter 10,13.14). Jeder Vater wird euch sagen, daß, wenn er den Bitten eines ungehorsamen Kindes nachgäbe, er damit dem Ungehorsam in seiner Familie Tür und Tor öffnen würde. Es ist oft notwendig, daß Eltern ihren Kindern sagen: »Mein Kind, du hast nicht auf mein Wort gehört, und darum kann ich leider auch deinem keine Beachtung schenken.« Nicht, daß der Vater keine Liebe hätte; im Gegenteil, er liebt sein Kind, und weil er es liebt, fühlt er sich verpflichtet, dem irrenden Kleinen die Bitte zu verweigern.

Gott verfährt mit uns ebenso. Wenn er sieht, daß wir in Sünde und Übertretung fallen, so gehört es zu seiner liebevollen väterlichen Zucht, zu sagen: »Ich weise dein Gebet von mir, wenn du zu mir rufst; ich will dich nicht erhören, wenn du mich um etwas bittest; ich will dich nicht verloren gehen lassen, du sollst errettet werden, du sollst dein tägliches Brot haben und das Wasser des Lebens empfangen, aber mehr erhältst du nicht: die feineren Genüsse meiner königlichen Tafel bleiben dir versagt; ich werde dir keine besondere Gunst erweisen.« Daß der Herr in dieser Weise mit den Seinen verfährt, geht aus dem 81. Psalm hervor: »Wenn doch mein Volk mir gehorsam wäre und Israel auf meinem Wege ginge. Dann wollte ich seine Feinde bald demütigen und meine Hand gegen seine Widersacher wenden. Israels Zeit würde ewiglich währen, und ich würde es mit dem besten Weizen speisen und mit Honig aus dem Felsen sättigen« (Psalm 81, 14–17).

Wenn dem ungehorsamen Kind Gottes die Verheißung in die Hände gegeben wäre: »Was ihr bittet im Gebet, das werdet ihr empfangen«, es würde ganz gewiß um etwas bitten, wodurch es nur noch mehr in seiner Widerspenstigkeit bestärkt würde; es würde um die Mittel zur Befriedigung seiner Lüste bitten, und um Unterstützung in den Dingen, die gegen Gottes Willen sind. Das kann nimmermehr gemeint sein. Soll Gott zu unserm Verderben mithelfen? Soll er uns noch Brennstoff suchen für die Flammen unsrer fleischlichen Leidenschaften? Ein eigenwilliges Herz sehnt sich nach größerer Freiheit, damit es um so hartnäckiger auf seinem Willen bestehen kann; ein hochmütiger Geist begehrt eine noch höhere Stellung, um für seinen Stolz noch mehr Nahrung zu haben; ein träger Geist begehrt noch mehr Bequemlichkeit, um noch untätiger und gleichgültiger sein zu können als zuvor; und ein herrschsüchtiger Geist verlangt nach größerer Macht, damit er noch mehr Gelegenheit zur Unterdrückung finde. Wie der Mensch, so sein Gebet: ein rebellischer Geist bringt eigenwillige und hochmütige Gebete dar.

Soll Gott auf solche Gebete hören? Das darf nicht sein. Er schenkt uns, was wir bitten, wenn wir seine Gebote halten. Wenn wir aber ungehorsam werden und seine Leitung und Herrschaft verwerfen, dann verwirft er auch unsere Gebete. »Gegen die Reinen bist du rein und gegen die Verkehrten bist du verkehrt« (Psalm 18,27). Selig, wenn wir durch die göttliche Gnade mit David sprechen können: »Ich wasche meine Hände in Unschuld; und halte mich, Herr, zu deinem Altar« (Psalm 26,6). Das kann zwar nie eine vollkommene Unschuld sein, aber es ist doch wenigstens eine Unschuld, frei von der Liebe zur Sünde und von der frechen Empörung gegen Gott.

Eine andere wesentliche Vorbedingung zu erhörlichem Beten ist *kindliche Ehrfurcht*. Wir empfangen, was wir bitten, »denn wir halten seine Gebote und tun, was vor ihm gefällig ist«. In unserer Beziehung zu Gott, der ein vollkommener Vater ist, dürfen wir ohne Furcht, einen Mißgriff zu begehen, stets sein Wohlgefallen zur Richtschnur unseres Handelns machen und überzeugt sein, daß wir damit das Richtige tun, während das, was ihm mißfällt, uns sicher als ein Unrecht gelten darf. Stellt euch vor, irgendeiner von uns wäre eigenwillig und sagte: »Ich will nicht tun, was Gott gefälllt; ich tue, was mir gefällt.« Von welcher Art würden dann unsere Gebete sein? Unsere Bitten hätten dann einen Hauptnenner: »Laßt mich meine eigenen Wege gehen.« Und dürfen wir erwarten, daß Gott hierin einwilligt? Dann wollten wir ja nicht nur Herren über Gottes Erbe sein, sondern sogar über Gott selbst. Soll der allmächtige Gott auf seinen Thron verzichten, um einem hochmütigen Sterblichen Platz zu machen? Gestattet ihr einem Kind, euch vorzuschreiben, was ihr zu tun habt, und zu vergessen, daß es euch Achtung schuldig ist? Werdet ihr etwa zu ihm sagen: »Ja, mein liebes Kind, du sollst Herr im Hause sein, und was du verlangst, sollst du bekommen?« Was wäre das für ein Haushalt?

Ich fürchte, es gibt solche Häuser, denn es gibt törichte Eltern genug, welche dulden, daß ihre Kinder ihre Herren und ihnen zur Rute für den eigenen Rücken werden.

Aber in Gottes Haus geht es nicht so zu. Gott hört nicht auf seine eigenwilligen Kinder, es sei denn, daß er sie im Unmut höre und ihnen im Zorn antworte. Erinnert euch, wie er in der Wüste das Schreien Israels um Fleisch erhörte; und als sie noch das Fleisch zwischen den Zähnen hatten, wurde es ihnen zum Fluch. Viele Leute werden damit gezüchtigt, daß ihre Wünsche in Erfüllung gehen, gerade wie Treulose von ihren eigenen Anschlägen getroffen werden. Wir müssen eine kindliche Verehrung für Gott haben, so daß wir fühlen: »Herr, wenn das, worum ich bitte, dir nicht gefällt, so würde es mir keine Freude machen. Meine Wünsche lege ich in deine Hände, damit du sie prüfst: mache einen Strich durch jeden Wunsch, den ich vor dich bringe, wenn er unrecht ist. Und, Herr, lege du hinein, was ich dabei vergessen habe. Guter Herr, wenn ich es hätte wünschen sollen, so erhöre mich, als wenn ich's erbeten hätte. Nicht wie ich will, sondern wie du willst.« Nun, ich denke, ihr könnt sehen, daß dieser kindliche Geist für erhörliches Beten wesentlich ist. Das Gegenteil wäre ein sicherer Riegel gegen die Gewährung unsrer Bitte. Der Herr will von denen geehrt sein, die um ihn sind. Sie müssen ein Auge haben für sein Wohlgefallen in allem, was sie tun und bitten, sonst sieht er nicht mit Wohlgefallen auf sie.

Drittens setzt unser Schriftwort die Notwendigkeit *kindlichen Vertrauens* voraus: »Und das ist sein Gebet, daß wir glauben an den Namen seines Sohnes Jesu Christi.« Immer wieder redet die Heilige Schrift davon, daß zu erhörlichem Beten Glauben an Gott erforderlich ist. Die Erhörung unsers Gebets steht im Verhältnis zu unserm Glauben. Es ist eine stehende Regel des Gottesreiches: »Dir geschehe, wie du geglaubt hast.« Erinnert euch an das, was der Heilige Geist durch den Mund des Apostels Jakobus spricht: »Wenn jemand unter euch Weisheit mangelt, der bitte von Gott, der da gern gibt jedermann und allen mit Güte begegnet, so wird ihm gegeben werden. Er bitte aber im Glauben und zweifelt nicht; denn wer da zweifelt, ist gleich wie die Meereswoge, die vom Winde getrieben und bewegt wird. Solcher Mensch denke nicht, daß er etwas von dem Herrn empfangen werde« (Jakobus 1,5–7). Unsere Schriftstelle spricht vom Glauben an den Namen des Sohnes Jesus Christus. Darunter haben wir den Glauben an seine geoffenbarte Persönlichkeit zu verstehen, den Glauben an sein Evangelium, den Glauben an sein stellvertretendes Leiden und seine Erlösung. Oder es ist der Glauben an die Machtvollkommenheit Christi gemeint, so daß, wenn ich zu Gott flehe und spreche: »Tue es doch um des Namens Jesu willen«, ich darunter verstehe: »Tue an mir, wie du an Jesus getan hättest, denn ich bin von ihm bevollmächtigt worden, seinen Namen zu gebrauchen; tu doch an mir, wie du an ihm getan hättest.« Wer im Glauben in Jesu Namen beten kann, dem kann's nicht fehlgehen, denn der Herr Jesus hat gesagt: »Was ihr bitten werdet in meinem Namen, das will ich tun« (Johannes 14,14). In jedem Fall muß Glaube vorhanden sein, und wenn kein Glaube da ist, dann dürfen wir nicht mit Erhörung rechnen.

Stellt euch vor, ein mißtrauisches Kind habe sich in den Kopf gesetzt, sein Vater wolle nicht für seine tägliche Nahrung sorgen. Es kommt zu seinem Vater und sagt zu ihm: »Vater, gib mir so viel Geld, daß es für die nächsten zehn Jahre zu meinem Unterhalt ausreicht; denn dann bin ich erwachsen und kann für mich selber sorgen. Gib mir das Geld, damit meine Sorgen und Zweifel behoben werden; es ist mir sehr daran gelegen.« Der Vater antwortet: »Mein Kind, warum sollte ich das tun?« Die Antwort: »Es tut mir sehr leid, lieber Vater, daß ich's sagen muß, aber ich habe kein Vertrauen zu Dir. Ich fürchte, du läßt mich eines Tages verhungern, und darum wär's mir lieb, wenn ich ein sicheres Kapital auf der Bank hätte.« Wer von euch Vätern würde auf solche Bitten eines Kindes hören, wenn es so dächte? Ihr würdet sehr betrübt sein, daß solche Gedanken einem eurer Lieben in den Sinn kommen konnten. Aber ihr würdet und könntet auf keinen Fall nachgeben. Wendet nun dies Gleichnis auf euch selber an. Habt ihr noch nie Gott um etwas gebeten, was ganz aufs gleiche hinausläuft? Ihr seid unfähig gewesen, Gott zuzutrauen, daß er euch Tag für Tag euer tägliches Brot zukommen lasse, und darum habt ihr euch abgemüht um das, was ihr »einen Notgroschen für die Zukunft« nennt. Ihr wollt einen zuverlässigeren Fürsorger als die Vorsehung, eine bessere Bürgschaft als Gottes Verheißung. Ihr seid nicht imstande, eurem himmlischen Vater aufs Wort zu glauben? Ein paar Pfandbriefe irgendeines x-beliebigen fast zahlungsunfähigen fremden Staates betrachtet ihr als zuverlässiger? Ihr glaubt dem türkischen Sultan, dem Vizekönig von Ägypten, aber dem Gott der ganzen Erde glaubt ihr nicht? Auf tausenderlei Weisen beleidigen wir den Herrn, indem wir meinen, die »sichtbaren Dinge« hätten mehr Gehalt als seine unsichtbare Allmacht. Wir bitten Gott, er möge uns auf einmal so viel schenken, wie wir für den Augenblick gar nicht brauchen und vielleicht in alle Zukunft nicht nötig haben. Im Grunde liegt die Veranlassung zu solchen Wünschen in einem strafbaren Mißtrauen gegen Gott, das uns vorspiegelt, es seien große Vorräte nötig, damit wir für unsere Bedürfnisse genügend abgesichert seien. Brüder, erwartet ihr, der Herr werde eure Torheit gutheißen und unterstützen? Soll er euch einen Haufen verrostendes Gold und Silber schenken, damit die Diebe nachgraben und stehlen, und Kisten voller Feierkleider, die die Motten fressen? Soll der Herr etwa so handeln, als ob er euer Mißtrauen für gerechtfertigt hielte, und zugeben, daß auf ihn kein Verlaß mehr sei? Gott behüte! Ihr werdet Erhörung finden, wenn euer Gebet von eurem ungläubigen Herzen untergraben wird. »Befiehl dem Herrn deine Wege und hoffe auf ihn; er wird's wohl machen.«

Die nächste wesentliche Bedingung für eine fortwährende Macht des Gebets ist *kindliche Liebe*: »daß wir glauben an den Namen seines Sohne Jesu Christi, und lieben uns untereinander, wie er uns das Gebot gegeben hat.« Das größte Gebot nach dem Glauben ist die Liebe. Ebenso wie es von Gott heißt: »Gott ist die Liebe«, könnten wir auch sagen: »Das Christentum ist die Liebe.« Wenn jeder von uns menschgewordene Liebe wäre, dann wären wir hindurchgedrungen zum vollkommenen Ebenbild Christi. Wir sollten überströmen in der Liebe zu Gott, in der Liebe zu Christus, in der Liebe zur Gemeinde, in der Liebe zu den Sündern und in der Liebe zu allen Menschen. Wenn ein Mensch keine Liebe zu Gott hat, dann ist er in der gleichen Lage wie ein Kind, das seinen Vater nicht lieb hat. Wird sein Vater etwa versprechen, bedingungslos alle Wünsche seines lieblosen, unkindlichen Herzens zu erfüllen? Oder, wenn ein Kind keine Liebe zu seinen Brüdern und Schwestern hat, soll ihm dann der Vater mit einem unbedingten Versprechen entgegenkommen und sagen: »Bitte, so wird dir's gegeben?« Der lieblose Sohn würde mit seinen selbstsüchtigen Bitten die ganze Familie in Armut stürzen, ohne jede Rücksicht auf die übrigen Familienglieder würde er nur dafür sorgen, seinen Leidenschaften frönen zu können. Schon bald würde er verlangen: »Vater, gib mir das Erbteil, das mir gehört.« Oder: »Vater, richte das Haus nach meinem Geschmack ein, und sorge dafür, daß sich meine Brüder allen meinen Wünschen fügen.« Eitel auf seine persönliche Entscheidung wie Absalom, der auf seinen Haarschmuck stolz war, würde er bald seine Hände nach dem Königreich ausstrecken. Wenige Josephe sind imstande, das bunte Kleid zu tragen, ohne Haustyrannen zu werden. Wer würde einem verschwenderischen Sohne gestatten, mit dem ganzen Besitz auf und davon zu gehen? Wer wäre so unweise, einen zänkischen, herrschsüchtigen Sohn an den Ehrenplatz über seine Brüder zu setzen? Daraus erkennt ihr: Der Selbstsucht kann keine Macht des Gebets gewährt werden. Lieblosen Leuten, die weder Gott noch Menschen lieben, können keine großen, weitgehenden, unbegrenzten Verheißungen anvertraut werden. Wenn uns Gott erhören soll, so müssen wir Gott lieben und müssen unsre Mitmenschen lieben; denn wenn wir Gott lieben, dann bitten wir nicht um irgend etwas, was nicht zu Gottes Ehre wäre; und wenn wir unsre Brüder lieb haben, dann wünschen wir nicht, daß uns irgend etwas widerfahre, was nicht auch unsern Brüdern zum Segen gereiche. Ihr müßt los werden von aller Selbstsucht, ehe euch Gott die Schlüssel des Himmelreichs anvertrauen kann. Wenn aber die Selbstsucht tot ist, dann dürft ihr seine Schatzkammer aufschließen; wie Fürsten werdet ihr Gewalt haben bei Gott und ausrichten, was ihr begehrt.

Weiterhin müssen wir ebenso auch *kindliche Wege gehen*. Lest den folgenden Vers: »Wer seine Gebote hält, der bleibt in ihm, und er in ihm.« Jedes Kind liebt seine Heimat, keinen Ort so sehr wie das liebe alte Haus, in welchem seine Eltern wohnen. Wer nun Gottes Gebote liebt und hält, von dem heißt es, er bleibe in Gott. Er hat gewissermaßen den Herrn zu seiner Heimstatt gemacht und bleibt in heiliger Vertraulichkeit mit Gott. In ihm erfüllen sich die Worte unsers Herrn: »Wenn ihr in mir bleibet, und meine Worte in euch, so könnt ihr bitten, was ihr wollt, und es wird euch widerfahren.« In Gott zu bleiben ist eine unerläßliche Bedingung für erhörliches Beten. Stellt euch vor, jemand von euch hätte einen Sohn, der zu ihm spräche: »Vater, ich bin nicht gern zu Hause, du interessierst mich im Grunde nicht und die Hausordnung ist mir auch egal. Ich will ausziehen. Aber, Vater, ich komme jede Woche einmal vorbei und werde dich dann um dies und jenes bitten; und ich erwarte, daß du mir alles gibst, was ich von dir verlange.« Nun, wenn euch daran gelegen ist, das Haupt eurer Familie zu sein, so werdet ihr antworten: »Junge, wie kannst du so mit mir reden? Wenn du so eigenwillig bist, daß du mein Haus verläßt, kannst du da erwarten, daß ich deinen Bitten entspreche? Wenn du gar keine Rücksicht auf mich nimmst, kannst du da von mir erwarten, daß ich dich in deiner Lieblosigkeit und Widerspenstigkeit auch noch unterstütze? Nein, mein Sohn; wenn du nicht bei mir bleiben willst und mich als Vater respektierst, so kann ich dir gar nichts versprechen.« Und so verhält sich's mit Gott. Wenn wir bei ihm bleiben und in kindlichem Umgang mit ihm leben, dann gibt er uns alles. Wenn wir ihn lieben, wie er geliebt werden soll, und unser ganzes Vertrauen so auf ihn setzen, wie man auf ihn vertrauen soll, dann hört er unser Flehen; wenn aber nicht, dann können wir vernünftigerweise auch nicht erwarten, daß er uns hört. »Habe deine Lust an dem Herrn, der wird dir geben, was dein Herz wünschet« (Psalm 37,4), wenn du aber keine Lust hast am Herrn und er nicht deine Heimstatt ist, dann erhört er dich nicht. Kann sein, daß er dir gar das Brot der Trübsal gibt, aber ganz gewiß gibt er dir nicht, was dein Herz wünscht.

Und schließlich: Wir müssen einen *kindlichen Geist* haben, denn »daran erkennen wir, daß er in uns bleibt, an dem Geist, den er uns gegeben hat«. Was ist dies anders, als der Geist der Kindschaft, der Geist, der in allen Kindern Gottes waltet? Die Eigenwilligen, die Gott entgegengesetzt denken und fühlen und handeln, dürfen nicht erwarten, daß Gott umkehre, um auf ihre Art zu denken, zu fühlen und zu handeln. Die Selbstsüchtigen, die getrieben werden vom Geist des Hochmuts, die Trägen, die geleitet werden vom Geist der Bequemlichkeit, dürfen nicht erwarten, daß Gott ihnen etwas zu Gefallen tue. Wenn der Heilige Geist in uns waltet, so unterwirft er unsre Natur seinem eigenen Willen, und dann stimmen die Gebete, die aus unsern erneuerten Herzen hervorquellen, mit dem Willen Gottes überein, und solche Gebete werden natürlich erhört. Keinem Vater und keiner Mutter würde es je einfallen, auf ein eigensinniges Kind zu hören, das sagt: »Ich weiß, daß mein Vater nicht will, daß ich dies bekomme; ich will es aber haben.« Kein Mensch würde sich von einem eigensinnigen Kinde so nötigen lassen. Sollte uns denn Gott etwas gewähren, wonach wir verlangen, wenn es seinem heiligen Willen entgegen ist? Das kann nicht sein. Es muß in uns der gleiche Sinn walten wie in Christus Jesus, und dann können wir auch sagen: »Ich weiß, daß du mich allezeit erhörst.«

2. Was müssen wir sein und haben?

Wenn sie in uns reichlich vorhanden sind, so werden unsre Gebete nicht unfruchtbar und vergebens sein.

Vor allen Dingen: wenn wir an Gott *glauben*, können wir nicht in Zweifel sein, ob Gott unsre Gebete erhört oder nicht. Wenn wir uns im Glauben auf Jesus berufen, so werden wir Erhörung finden. Doch tausend Einwendungen lehnen sich dagegen auf. Wenn z. B. diese Gebete Naturgesetze betreffen, so stehen uns die Männer der Wissenschaft entgegen. Aber was macht das? Ich will gern diesen Männern der Wissenschaft den freiesten Spielraum ihrer Ansichten lassen, fast hätte ich gesagt: ihres Wollens und Handelns. Aber doch wüßte ich kein einziges Gebet, das des Betens wert ist, was nicht mit irgendeinem oder andern Naturgesetz in Widerstreit geriete; und dennoch glaube ich, daß Gebete erhört werden.

Man sagt, Gott werde nicht um unsertwillen die Naturordnung ändern, und ich antworte darauf: »Wer behauptet denn dies?« Der Herr weiß Wege genug, unsere Gebete zu erhören, ohne das er Wunder zu wirken oder Naturgesetze aufzuheben braucht. Er hat allerdings zu Zeiten Gebete durch Wunder erhört. Das ist etwa so, wie wenn man eine Dampfmaschine abstellt wegen eines gerringen Nebenzwecks. Aber er weiß auch seine Absichten zu erreichen und unsre Gebete zu erhören auf irgendeinem uns verborgenen Wege. Vielleicht gibt es noch andere Kräfte und Gesetze, welche er zu der Zeit, wo das Gebet zu ihm dringt, in Tätigkeit setzt, gerade so, wie er es in seiner allwissenden Vorsehung von alters her verordnet und zuvor ersehen hat; ebenso bestimmte Gesetze und ebenso natürliche Kräfte, wie diejenigen, welche unsere gelehrten Naturforscher imstande waren zu entdecken. Die weisesten Menschen kennen noch lange nicht alle Gesetze, welche das Weltall beherrschen, o nein, kaum deren Alphabet. Wir glauben, daß die Gebete der Christen ein Glied in dem Getriebe der Vorsehung bilden, Zähne in dem großen Räderwerk der göttlichen Schicksalsfügung. Und wenn Gott seine Kinder zum Beten veranlaßt, dann hat er schon irgendeinen Hebel in Bewegung gesetzt, wie es für die erbetene Wirkung erforderlich ist.

Die dargebrachten Gebete wirken wie ein Getriebe des Ganzen. Der Vers vor unserer Schriftstelle lautet: »So uns unser Herz nicht verdammt, so haben wir Frieden mit Gott; und was wir bitten, das empfangen wir von ihm.« Wer ein gutes Gewissen hat, kommt mit Vertrauen zu Gott, und dies Vertrauen des Glaubens sichert ihm die Erhörung seines Gebets zu. Kindliches Vertrauen bringt uns zum Beten, nichts anderes. Er macht, daß ein Mensch um Großes bittet, um das er nie gebeten hätte, wenn er nie so vertrauen gelernt hätte; und es macht, daß er um Kleinigkeiten bittet, um welche zu bitten viele sich scheuen, weil sie noch nie kindliches Vertrauen zu Gott verspürt haben. Ich habe oft gefühlt, daß es ein größeres

Vertrauen zu Gott erfordert, wegen etwas Geringem zu ihm zu flehen, als etwas Großes von ihm zu begehren. Wir bilden uns ein, unsre großen Anliegen seien einigermaßen wert, daß Gott seine Aufmerksamkeit darauf richte, obwohl sie in der Tat für ihn unbedeutend genug sind. Und dann meinen wir, unsre kleinen Angelegenheiten seien so winzig in seinen Augen, daß es beinahe eine Beleidigung für ihn wäre, wenn wir ihn damit belästigen; und doch sollten wir wissen, daß das, was einem Kinde als etwas sehr Großes erscheint, vielleicht für seine Eltern ganz unbedeutend ist, und doch beurteilen diese die Sache nicht von ihrem eigenen Gesichtspunkt aus, sondern von dem des Kindes.

Da weint ein kleiner Junge bitterlich. Seine Mutter ruft ihn und fragt, was ihm fehle? Es steckte ein kleiner Splitter in seinem Finger. Seht, etwas Unbedeutendes, ihr habt nicht nötig, den Arzt kommen zu lassen, um den Splitter zu entfernen, oder in der Zeitung nach geeigneter Hilfe zu annoncieren. Nur eine Pinzette her, so ist's bald erledigt. Aber, was für ein großes Anliegen ist es doch für den kleinen Schmerzensmann, wenn er so dasteht mit großen Tränen im angsterfüllten Gesichtchen. Für ihn ist es etwas Wichtiges. Erschien nur sein Schmerz seiner Mutter zu gering, um ihm zu Hilfe zu kommen? Ganz und gar nicht; zu was wären denn die Väter und Mutter da, wenn nicht, um auf die Bedürfnisse ihrer Kleinen zu achten?

Und Gott, unser Vater, ist ein guter Vater, er hat Mitleid mit uns wie ein Vater mit seinem Kinde und neigt sich zu uns hernieder. Er zählt die Sterne am Himmel und ruft einen jeden bei seinem Namen; dennoch heilt er, die zerschlagenen Herzens sind, und verbindet ihre Wunde. Derselbe Gott, der die Sonne flammend erhält, hat gesagt: »Den glimmenden Docht will ich nicht auslöschen.« Wenn ihr nur euer Vertrauen auf Gott setzt, so kommt ihr mit euern großen und kleinen Anliegen zu ihm, und er wird euer Vertrauen nie täuschen, denn er hat gesagt, wer auf ihn vertraue, soll nimmermehr zuschanden werden, solange die Welt steht. Der Glaube wird gekrönt.

Aber nun muß auch von der *Liebe* die Rede sein. Wir haben

schon gesehen: Wer im christlichen Sinne Liebe übt, handelt nach dem Herzen Gottes. Wenn ihr aber eure Liebe auf eure nächsten Angehörigen beschränkt, so dürft ihr nicht erwarten, daß Gott ebenso handle; und Gebete, die sich auf diesen engen Kreis beschränken, berücksichtigt er wenig. Wenn ein Mensch sein eigenes Ich lieb hat und hofft, den andern werde die Weizenernte fehlschlagen, damit sein eigener Ertrag einen um so höheren Wert erlange, dann darf er gewiß nicht erwarten, daß der Herr mit solch niedriger Selbstsucht einverstanden ist. Wenn ein Mensch alle Geschöpfe Gottes in seine Liebe mit einschließen möchte und für das göttliche Gnadenwerk noch besonders betet, dann sind seine Gebete nach Gottes Sinne. Seine Liebe und Gottes Güte laufen nebeneinander her. Obwohl Gottes Liebe einem mächtig wogenden Strome gleicht, und die eines solchen Menschen einem schwach rieselnden Bächlein, so fließen doch beide in derselben Richtung, und beide gelangen an dasselbe Ziel. Gott hört jederzeit die Gebete eines liebeerfüllten Menschen, weil diese Gebete Spiegelungen seiner eigenen Ratschlüsse sind.

Ferner ist der Mensch, den Gott erhört, ein Mensch des *Gehorsams*, weil ihn sein gehorsames Herz dazu anleitet, in Demut zu bitten. Sein höchstes Verlangen ist es, daß des Herrn Wille geschehen möchte. Daher kommt es, daß ein Mensch mit gehorsamem Herzen betet wie ein Prophet: seine Gebete sind Weissagungen. Ist er nicht eins mit Gott? Wünscht und bittet er nicht gerade das, was Gott beabsichtigt? Wünscht er nicht Gottes eigene Wünsche? Die Schwierigkeit besteht darin, daß wir nicht gewissermaßen »auf Hörweite« mit Gott bleiben; wenn aber dies der Fall wäre, dann würden wir denselben Ton anschlagen, den auch Gott anschlägt. Und wenn auch sein Ton donnergleich erschallen würde, und der unsrige wie ein leises Lispeln, so wäre doch ein völliger Einklang vorhanden – der Ton, den das Gebet auf Erden anschlagen würde, stimmte zusammen mit dem, der von den ewigen Ratschlüssen im Himmel ausgeht.

Anders gesagt wird der, der in *Gemeinschaft mit Gott* lebt, gewiß erhörlich beten, denn wenn er in Gott bleibt und Gott in ihm, so wünscht er, was Gott selber begehrt. Der Gläubige, der Umgang hat mit dem Herrn, sucht des Menschen Bestes, genau wie Gott. Er hat zum Ziel, Christus zu verherrlichen, genau wie Gott; er sucht das Wohlergehen der Gemeinde, genau wie Gott; er wünscht ein Vorbild der Heiligkeit zu werden, und das ist für ihn auch Gottes Wunsch. Wenn ein solcher Mensch zu irgendeiner Zeit einen Wunsch hat, der nicht nach Gottes Willen ist, so ist das Folge seiner Unwissenheit. Denn ein Mensch ist nur Mensch und nicht Gott; auch wenn er noch so sehr gefördert ist, kann er irren; aber er begegnet diesem Irrtum, indem er betet: »Herr, wenn ich in diesem meinem Gebet um irgend etwas gefleht habe, das nicht nach deinem Willen ist, so bitte ich dich, achte nicht auf mich; und wenn irgendein Wunsch deinen Augen nicht wohlgefiele, so achte meiner nicht, mein Vater, sondern in deiner unendlichen Liebe und Milde tue etwas Besseres für deinen Knecht, als dein Knecht zu bitten imstande ist.« Der Herr schaut aus des Himmels Fenstern und sieht solch ein Gebet zu ihm kommen, wie Noah die Taube zur Arche zurückfliegen sah, und er streckt seine Hand aus diesem Gebet entgegen, und wie Noah die Taube in seine Arche aufnahm, so empfängt Gott dieses Gebet und nimmt es entgegen und legt es an seine Brust und spricht: »Von mir bist du ausgegangen und ich nehme dich mit Freuden wieder auf: mein Geist hat dich beseelt, darum will ich dich erhören.«

Unsere Schriftstelle spricht von dem Christen als einem Menschen, *erfüllt mit dem Geist Gottes*: »Daran erkennen wir, daß er in uns bleibet, an dem Geist, den er uns gegeben hat.« Wer kennt, was im Sinn eines Menschen ist, außer der Geist des Menschen? Und wer kennt, was Gott ist, außer der Geist Gottes? Und wenn der Geist Gottes in uns wohnt, dann sagt er uns, was der Wille Gottes ist; er vertritt in den Heiligen den Willen Gottes. Man bildet sich manchmal ein, daß Menschen, die recht kräftig beten, um alles, was sie wünschen, beten können. Aber ich kann euch versichern, daß dem nicht so ist; das wird er euch selbst bestätigen. Ihr könnt einen solchen Beter rufen lassen und von ihm verlangen, daß er für euch bete; aber er kann euch nicht versprechen, daß es geschehen werde. Es gibt für solch einen Menschen merkwürdige Hindernisse, wenn er fühlt, daß er, »er weiß nicht wie oder warum«, in einem bestimmten Falle nicht inständig und erhörlich beten kann, obwohl er es wünschte. Paulus wollte einst nach Bithynien reisen und der Geist ließ es ihm nicht zu; so gibt es manches Verlangen, dem wir gern und willig entsprechen möchten, aber wir fühlen uns im Geist gebunden. Es kann sein, daß nichts gegen den Gegenstand der Bitte einzuwenden ist, aber das Geheimnis Gottes ist bei denen, die ihn fürchten, und er gibt ein geheimes Verständnis, wann und wo seine Auserwählten hoffen dürfen, Erhörung zu finden. Er gibt dir die Verheißung, daß er dein gläubiges Gebet erhören will, da du ein Mensch bist, der mit ihm wandelt und erfüllt ist vom Heiligen Geist; aber er gibt dir nicht zugleich den Glauben in allen möglichen Dingen, die irgend jemand dir vorlegt. Im Gegenteil gibt er dir eine Zurückhaltung, ein Urteil und eine Weisheit nach dem Willen Gottes, und der Geist Gottes bittet in den Heiligen, dem göttlichen Willen gemäß.

3. Einige Worte zur Nutzanwendung

Ich möchte wünschen, daß sie vielen unter uns zum Segen werden.

Vor allem ist not, daß wir für die Gemeinde um einen großen *Segen flehen*. Aber besitzen wir auch die notwendigen Erfordernisse zur Erhörung eines solchen Gebets? Glauben wir an den Namen Jesu Christi? Freilich, das sollte ich meinen. Ich denke, man wird an der Echtheit unsers Glaubens nichts vermissen, obwohl wir vieles zu bekennen haben, was dessen Schwachheit betrifft.

Wie steht's denn mit dem nächsten Erfordernis: Sind wir *erfüllt von der Liebe zu Gott und zu einander?* Haben wir uns untereinander lieb? Wandeln wir in der Liebe? Niemand von uns ist vollkommen in der Liebe. Ich will mit einem Bekenntnis anfangen: Ich gestehe, daß ich in dieser Beziehung nicht bin, was ich sein sollte. Lasset dies Bekenntnis die Runde unter euch machen, und ein jeder bedenke, wie oft wir lieblos gewesen sind in unserem Tun, Denken und Reden, darin, daß wir auf liebloses Gerede hörten und lieblos unsere Hand verschlossen haben, wo wir hätten helfen sollen, wie wir lieblos einen Menschen zurückstießen, der strauchelte. Wenn sich in der Gemeinde Gottes ein Mangel an Liebe findet, dann dürfen wir nicht erwarten, daß unsre Gebete erhört werden. Denn Gott wird sagen: »Du bittest um Wohlergehen. Weshalb? Einer Gemeinschaft zuliebe, die noch nicht genug Liebe zu ihren eigenen Gliedern hat? Du bittest um Bekehrungen. Warum? Um noch andere in eine lieblose Gemeinschaft mit hineinzuziehen?« Meint ihr, Gott werde Sünder selig machen, die ihr nicht lieb habt, und werde Leute bekehren, um die ihr euch kein bißchen kümmert? Wir müssen die Menschen in Christus hineinlieben, denn unter dem Walten des Heiligen Geistes Gottes ist das große Werkzeug zur Eroberung der Welt die Liebe. Das Schwert des Geistes, das Wort Gottes ist die Hauptwaffe und danach ist es der liebevolle Umgang und die herzliche Gemeinschaft der Christen mit ihren Mitmenschen. Wieviel von dem allem haben wir schon erlangt? Soll ich euch sagen, wie wenig?

Und *tun wir denn auch, was Gott gefällt?* Wir können auf keine Gebetserhörungen hoffen, wenn das nicht der Fall ist. Stellt die Frage an euch selbst rings im Kreise hier. Laßt jedes Gemeindeglied diese Frage beantworten. Habt ihr jüngst so gehandelt, wie ihr wünscht, daß Jesus Christus es sehen dürfte? Ist eure Familie so geordnet, daß Gott ein Wohlgefallen daran hat? Stellt euch einmal vor, der Herr Jesus habe diese Woche euer Haus besucht; uneingeladen und ganz unerwartet: was würde er wohl zu dem gesagt haben, was er zu sehen bekam? »Ach«, spricht einer, »der und der handelt nicht, wie sich's für einen Christen gehört.« Ich bitte dich, Freund, denke doch auch an dich selbst! darauf kommt's an. Tadle dich selbst. Wenn die Glieder der Gemeinde Gottes nicht tun, was in seinen Augen wohlgefällig ist, dann verriegeln sie ihrem eigenen Wohlergehen Tür und Tor; sie verhindern die Gebete der Gemeinde. Wer will denn dem Wohlergehen der Gemeinde durch einen unordentlichen Wandel im Wege stehen? Wer möchte solche Schuld auf sich laden? Gott vergebe etlichen von euch solche Sünde. Wir könnten von manchen mit Tränen reden, denn ach! obwohl sie bekennen, Nachfolger Christi zu sein, so sind sie so unzuverlässig, daß sie nicht Freunde, sondern Feinde des Kreuzes Christi sind.

Die nächste Frage lautet: *Bleiben wir in Gott?* Unser Text sagt: wenn wir seine Gebote halten, bleibt Gott in uns und wir in ihm. Wie steht es damit? Ich meine : Denken wir den Tag über an Gott? Sind wir auch während unsrer Arbeit noch bei Gott? Ein Christ soll nicht am Morgen zu Gott laufen, und am Abend wieder, und ihn als Zuflucht und Obdach gebrauchen, wie die Leute unter ein Gewölbe oder in eine Halle flüchten, wenn ein Regenschauer sie überfällt; sondern wir sollen in Gott bleiben und in ihm leben, vom Sonnanaufgang bis zum Untergang, ihn betrachten und vor seinem Angesicht wandeln, und jeden Augenblick fühlen: »Du, Gott siehst du mich.« Wie steht's mit euch, teure Freunde? Laßt doch diese Frage von Mund zu Mund gehen und von Herz zu Herz, und erwägt sie – und ein jeder beantworte sie bei sich selbst.

Schließlich müssen wir uns noch fragen: *Treibt uns der Geist Gottes* oder ein andrer Geist? Harren wir auf Gott mit den Worten: »Herr, dein Geist wolle mir sagen, was ich tun soll; regiere meinen Verstand, unterdrücke meine Begierden, dämpfe meine bösen Neigungen und laß deinen Geist mich leiten. Herr, sei du mir besser, als ich selbst; sei mir Seele und Leben, und in dem dreifachen Reich meines Geistes, meiner Seele und meines Leibes; lieber Herr, sei du der höchste Meister, damit in jedem Gebiet meiner Natur dein Gesetz aufgerichtet und deinem Willen Gehorsam geleistet werde.«

Wir hätten eine einflußreiche Christengemeinde, wenn wir alle dieses Sinnes wären. Gott gebe, daß der Weizen das Unkraut überflügle. Gott schenke seinen Knechten Gnade, daß sie kräftig genug seien, dem sie umgebenden Übel zu widerstehen und, nachdem sie alles getan haben, was in ihren Kräften steht, zu wirken zum Lob und Preis der Gnade dessen, der uns angenehm gemacht hat in dem Geliebten. Der Herr segne euch und sei mit euch von Ewigkeit zu Ewigkeit. Amen. Amen.

V. Das Gebet – ein Wunder des Glaubens

»Darum sage ich euch: Alles was ihr bittet in eurem Gebet, glaubet nur, daß ihr es empfangen werdet, so wird es euch werden.« *Markus 11, 24*

Dieser Vers hat es in gewisser Hinsicht mit dem Glauben an Wunder zu tun; aber von weit höherer Bedeutung ist er für das Wunder des Glaubens, und so wollen wir ihn heute betrachten. Ich glaube, daß dieser Text nicht nur ein Erbteil der Apostel ist, sondern aller derer, welche im Glauben der Apostel wandeln und an die Verheißungen des Herrn Jesus Christus glauben. Möge Gott uns Gnade schenken, daß wir seiner Aufforderung gehorchen: »Alles, was ihr bittet in eurem Gebet, glaubet nur, daß ihr es empfangen werdet, so wird es euch werden.«

Wie viele Menschen beklagen sich darüber, daß sie es zu keiner rechten Freimütigkeit im Gebet bringen. Sie versäumen das Gebet nicht, das wagen sie nicht; aber sie würden es versäumen, wenn sie den Mut dazu hätten; so weit sind sie noch davon entfernt, ihre Lust am Gebet zu haben. Und müssen wir es nicht auch beklagen, daß uns bisweilen die Wagenräder abgegangen sind und wir recht schwerfällig daherrumpeln, wenn wir beten? Wir verbringen die festgesetzte Zeit im Gebet, aber wenig erquicket erheben wir uns vom Boden, als hätten wir wohl auf unserem Lager gelegen, aber nicht so geschlafen, daß wir gestärkt und freudig aufgestanden wären.

Wenn die Zeit um ist, treibt uns unser Gewissen wieder auf die Knie, aber wir fühlen keine innige Gemeinschaft mit Gott. Wir können die Bedürfnisse unseres Herzens nicht in der Weise vor ihm ausschütten, daß wir zugleich die feste Überzeugung der Erhörung hätten. Wir sagen wohl in gewohnter Weise die Formeln unseres Gebetes her; erheben uns aber vielleicht noch mehr beunruhigt im Gewissen, noch mehr leidend an unsrer Seele als zuvor von unseren Knien. Es gibt so viele Christen, die nicht deshalb beten, weil sie es als ein Glück empfinden, Gott nahen zu dürfen, sondern weil sie es für ihre

Pflicht halten; weil sie eines der sichersten Zeugnisse ihres Christenstandes zu verlieren meinen, wenn sie es unterließen.

Ich verdamme euch darum nicht, aber meine Seele würde doch hoch erfreut sein, wenn ich beitragen könnte, daß ihr euch von einem so niedrigen Stand der Gnade auf eine höhere Stufe erhebt. Wenn ihr zu der Erkenntnis kämt, aufs Gebet zu schauen wie auf das Element, in dem ihr lebt, wie auf eine der freudenreichsten Übungen eures Lebens; wenn ihr so weit kämt, es höher anzuschlagen als eine notwendige Nahrung, es vielmehr als eine himmlische Lust und Wonne zu würdigen – wahrlich, dann hätte ich ein schönes Ziel erreicht; und ihr hättet Ursache, Gott für einen reichen Segen zu danken.

Indem ich euch nun bitte, daß ihr dem göttlichen Wort in Andacht euch zuwenden mögt, rufe ich euch zuerst zu: Seht den Text an; sodann: Seht um euch her, und endlich: Seht über euch hin.

1. Seht den Text an!

Tut ihr dies sorgfältig, so werdet ihr die wesentlichen Eigenschaften des Gebetes erfassen, die notwendig sind, um eine schöne Frucht, einen großen Erfolg durch das Gebet zu erringen.

Nach der Beschreibung, die unser Erlöser vom Gebet gibt, müssen wir vor allem den *bestimmten Gegenstand* uns klar machen, um den wir bitten wollen. Er spricht: »Alles, was ihr bittet . . .« Es scheint also, daß er gar nicht vorausgesetzt hat, daß Gottes Kinder jemals zu ihrem Vater gehen würden, wenn sie ihn um nichts zu bitten haben.

Eine andere wesentliche Eigenschaft des Gebetes ist das *ernstliche Verlangen*; denn wenn wir beten, so nimmt der Herr an, daß wir Wünsche haben. Und in der Tat – fehlt einem Gebet die Fülle und Überschwenglichkeit des sehnlichen Verlangens, so mag es etwas Gebetähnliches sein, es mag die äußere Form oder das bloße Gerippe eines Gebetes sein, das Gebet selbst ist es nicht.

Ferner ist wohl zu beachten, daß der *Glaube* ein wesentlicher

Bestandteil eines segensreichen Gebetes ist – »glaubet nur, daß ihr es empfangen werdet«. Du kannst nicht mit der Freudigkeit beten, um im Himmel erhört zu werden, und deine Seele kann keine befriedigende Gewißheit erlangen, wenn du nicht glaubst, daß dich Gott wirklich hört und dein Gebet erhören wird.

Eine andere Eigenschaft liegt hier auf der Hand, nämlich, daß eine ihrer Verwirklichung gewisse *Hoffnung* allzeit Hand in Hand mit einem festen Glauben gehen sollte – »glaubet nur, daß ihr es empfangen werdet«. Es heißt nicht bloß: daß ihr es empfangen »sollt«, sondern wirklich empfangen »werdet« – rechnet darauf, als hättet ihr es schon empfangen – handelt in der festen Überzeugung, daß ihr es empfangen werdet – »glaubet nur, daß ihr es empfangen werdet, und es wird euch werden«.

Laßt uns nun die genannten vier Eigenschaften näher betrachten.

Soll das Gebet von innerem Werte sein, so muß es sich immer *auf einen bestimmten Gegenstand beziehen.* Wie oft springen wir in unseren Gebeten von diesem auf jenes über und von jenem wieder auf ein anderes, und wir empfangen nichts, weil wir in Wirklichkeit nichts Bestimmtes verlangen. Fallt ihr nicht bisweilen auf eure Knie, ohne vorher daran zu denken, was ihr denn eigentlich von Gott zu erbitten beabsichtigt? Es ist euch eine Sache der Gewohnheit, ohne daß euer Herz dabei ergriffen wäre. Ihr gleicht dem Manne, der in einen Laden geht und nicht weiß, was er sich kaufen will. Er kann vielleicht einen glücklichen Handel machen, wenn er einmal dort ist; aber ganz gewiß ist das kein weiser Plan und verdient darum keine Nachahmung. So kann wohl auch der Christ in seinem Gebet später zu einem wirklichen Wunsche gelangen und seinen Zweck erreichen, aber weit besser wäre es, wenn er mit ernster Erwägung und Selbstprüfung seine Seele vorbereitet hätte; er käme dann mit einer wirklichen Bitte vor seinen Gott, die sich schon vorher ihren Gegenstand auserlesen hätte.

Wenn wir einmal am Hofe Ihrer Majestät um eine Audienz

bäten, so müßten wir gefaßt sein, auf die Frage zu antworten: »Was ist es für eine Angelegenheit, in der du deine Königin sprechen willst?« Niemand wird zuerst vor seiner Königin erscheinen und dann, wenn er vor ihr steht, sich auf eine Bitte besinnen. Ebenso muß auch ein Kind Gottes darauf gefaßt sein, die große Frage zu beantworten: »Was ist dein Verlangen, das dir erfüllt werden soll?« Denke dir einen Bogenschützen, welcher seinen Bogen abschießen wollte und nicht wüßte, wo das Ziel ist. Würde er wohl mit einem Erfolg rechnen können? Oder ein Schiff, das auf Entdeckungsreise ausgeht und in See sticht, ohne daß der Kapitän auch nur die geringste Idee von dem hat, was er entdecken will. Würde man erwarten dürfen, daß er bereichert mit Entdeckungen der Wissenschaft oder beladen mit Goldschätzen heimkehren würde?

Bei jedem Geschäft hast du einen Plan. Du gehst niemals an deine Arbeit, ohne zu wissen, was du arbeiten willst. Wie kommt es dann, daß du zu Gott gehst, ohne zu wissen, was du von ihm zu erhalten wünschst? Hättest du einen bestimmten Gegenstand, so würdest du niemals meinen, das Gebet sei eine traurige und schwere Arbeit; nein, ich bin überzeugt, du würdest dich danach sehnen. Du würdest dir sagen: »Ich weiß etwas, was ich brauche. Wenn ich doch meinem Gott nahen und ihn darum bitten dürfte! Ich sehne mich danach, allein zu sein, um mein Herz ausschütten zu können vor meinem Gott und ihn um die wichtige Sache zu bitten, nach der mein Herz so ernstlich verlangt.«

Ich denke hierbei auch an gewisse Personen, die ihr erwähnt. Bittet bei Gott nur ja nicht bloß für die Sünder im allgemeinen, sondern allzeit für Sünder im einzelnen. Wenn du ein Sonntagsschullehrer bist, so bitte nicht einfach, daß deine Klasse gesegnet sein möge, sondern bitte für jedes deiner Kinder namentlich.

Wenn du Hilfe für deinen Haushalt erflehst, so mache keine Umschweife, sondern sei einfach und geradezu in deinen Bitten vor Gott. Wenn du nicht Geld genug hast, wenn du in Armut, in Not dich befindest, so trage nur deinen bestimmten Fall vor. Vermeide allen gleisnerischen Schein der Bescheidenheit vor deinem Gott. Komme gleich mit der Sache selbst, sprich aufrichtig mit ihm. Er braucht keine höfliche Einleitung, wie sie Menschen beständig zu machen pflegen, wenn sie nicht frank und frei heraussagen wollen, was sie meinen.

Hüte dich, die Bibel nach Worten zu durchwühlen, in denen du deine Bitte ausdrückst. Sprich deine Bedürfnisse in Worten aus, die von selbst kommen und die dein Herz dir eingibt. Das sind die besten Worte, verlaß dich darauf! Abrahams Worte waren die besten für Abraham, und deine Worte sind die besten für dich selbst. Du brauchst nicht alle Stellen der Heiligen Schrift zu studieren, um wie Jakob und Elias zu beten, indem du dich etwa ihrer Ausdrücke bedienst. Du wirst sie wohl buchstäblich nachahmen, aber es fehlte deinem Gebete die Seele, die jene Worte eingab. Bitte in deinen eigenen Worten. Sprich schlicht mit deinem Gott, bitte ihn gleich auf einmal um das, was du brauchst. Nennt die Personen, nennt die Dinge mit Namen, steckt euren Bitten ein bestimmtes Ziel, und ich bin der festen Überzeugung, ihr werdet finden, daß die Mattigkeit und Schläfrigkeit bei eurem Beten, über die ihr euch so oft und so schmerzlich beklagt, euch nicht mehr überfallen wird, oder wenigstens nicht in so anhaltender Weise wie zuvor.

»Aber«, sagt nun einer, »ich habe keine besonderen Gegenstände, um welche ich bitten könnte.« Mein lieber Bruder, ich weiß zwar nicht, wer du bist oder wo du lebst, aber so viel weiß ich, daß jeder Tag sein besonderes Bedürfnis mit sich bringt, und daß ich wenigstens an jedem Tage meinem Gott etwas zu sagen habe. Aber hätte uns der Herr auch kein Kreuz auferlegt, hätten wir einen so hohen Gnadenstand erreicht, daß wir um nichts zu bitten hätten – lieben wir denn Christus so herzinnig, daß wir nicht nötig hätten, zu bitten, daß wir ihn immer noch inbrünstiger lieben lernen möchten? Haben wir schon einen so starken Glauben, daß wir aufhören könnten zu rufen: »Herr, mehre meinen Glauben!« Bei einer auch nur geringen Selbstprüfung wirst du sicherlich bald einen bestimmten Gegenstand finden, der dich ermächtigt, an der Gnadentür darum anzuklopfen und zu rufen: »Erfülle mir, o Herr, den Wunsch meines Herzens!«

Und hast du wirklich gar keinen Wunsch, so frage nur den ersten geprüften Christen, den du triffst, und der wird dir einen sagen. »Oh«, wird er dir antworten, »wenn du nichts für dich selbst zu erflehen hast, so bitte für mich. Bitte, daß mein krankes Weib wieder gesunde. Bitte, daß der Herr das Licht seines Antlitzes leuchen lassen wolle in ein verzweifelndes Herz; bitte, daß der Herr einigen seiner Diener Hilfe senden wolle, die vergeblich gearbeitet und ihre Kraft umsonst dargebracht haben.« Und wenn du niemand triffst, der dir einen bestimmten Punkt angeben könnte, so schau auf dieses unermeßliche Sodom, auf diese Stadt, die wie ein zweites Gomorrha vor dir liegt, trage sie beständig in deinem Gebet vor Gott und rufe: »Möge diese Stadt leben vor deinem Antlitz, damit ihre Sünde gehemmt, ihre Gerechtigkeit gemehrt werde, und möge Gott dieser Erde viel Volks aus dieser Stadt zu sich sammeln.«

Genauso notwendig ist es, daß sich mit dem bestimmten Gegenstand des Gebetes *ein ernstliches Verlangen* nach Erhörung verbindet. »Kalte Gebete«, sagt ein alter Gottesgelehrter. »bitten um eine Verweigerung.« Wenn wir den Herrn mit kaltem, nicht mit inbrünstigem Herzen bitten, so hemmen wir seine segenspendende Hand und verhindern ihn gerade, den Segen zu gewähren, den wir zu suchen vorgeben. Wenn du deinen Gegenstand ins Auge gefaßt hast, so muß deine Seele in solchem Grade erfüllt sein von der Wichtigkeit dieses Gegenstandes, von der Gefahr, in die du gerätst, wenn dir der Gegenstand nicht gewährt wird, daß du gezwungen bist, so darum zu bitten, wie ein Mensch um sein Leben bittet.

Ein schönes Beispiel wahren Bittens, doch nur an Menschen gerichtet, finden wir in dem Verhalten zweier Frauen, deren Männer hingerichtet werden sollten. Sie gingen vor König Georg und baten um Begnadigung ihrer Männer. Der König weist sie hart und grausam zurück. Es war ja Georg der Erste. Das sieht ihm ganz ähnlich. Sie baten ihn dennoch wieder und wieder und immer wieder, konnten nicht dazu bewogen werden, sich von ihren Knien zu erheben, sondern mußten förmlich aus dem königlichen Hofe fortgeschleppt werden, denn sie hatten sich vorgenommen, nicht eher abzulassen, bis der König ihnen mild zulächeln und verkünden würde, daß ihre Männer leben sollten. Aber sie wurden nicht erhört.

Das ist die Art und Weise, wie wir zu Gott beten müssen. Wir müssen solch ein heißes Verlangen nach dem Gegenstand haben, dessen wir bedürfen, daß wir nicht eher ablassen, bis wir ihn haben – aber nichtsdestoweniger in demütiger Unterwerfung unter den göttlichen Willen. Bei dem Bewußtsein, daß dasjenige, um das wir bitten, nichts Böses sei, daß der Herr es selbst versprochen hat, können wir überzeugt sein, daß es uns gegeben wird; und wird es dennoch nicht gewährt, so wollen wir uns wieder und immer wieder auf die Verheißung berufen, und des Himmels Thore müssen eher erzittern, ehe unser Rechten mit Gott aufhört.

Kein Wunder, daß uns Gott in der letzten Zeit nicht so reichlich gesegnet hat. Das kommt daher, daß wir ihn nicht so heiß und inbrünstig angerufen haben, wie wir sollten. Diese kaltherzigen Gebete, die auf den Lippen ersterben, diese frostigen Bitten – nicht einmal der Menschen Herzen rühren sie; wie sollten sie Gottes Herz rühren! Sie quellen nicht hervor aus jener tiefen geheimnisvollen Quelle unseres innersten Herzens, und darum können sie auch nicht aufsteigen zu dem, der da nur das Geschrei der Seele hört und vor dem die Heuchelei keinen Schleier weben und der äußere Schein keine Vorstellung üben kann.

Schon der Gedanke an die Größe des Wesens, vor das wir mit unseren Bitten treten, reicht hin, alle Leichtfertigkeit niederzuschlagen und uns tiefsten Ernst einzuflößen. »Sollte ich, o mein Gott, vor dein Antlitz treten und mit kaltherzigen Bitten deinen heiligen Zorn erregen? Wenn schon die Engel ihr Antlitz vor dir verhüllen, wie kann ich mich erkühnen, in einer seelenlosen und herzlosen Weise vor dir zu schwatzen?«

Es wäre für euch, meine Brüder, und für mich ein Greuel, wenn wir anhören müßten, wie uns Leute auf der Straße um etwas bäten und dabei täten, als ob sie das, worum sie bitten, gar nicht nötig hätten. Aber haben wir nicht gerade das mit Gott gemacht? Ist nicht das, was für den Menschen des Himmels größte Gabe ist, zur trockenen toten Pflicht herabgesunken?

Von John Bradford wird uns erzählt, daß er eine besondere Kraft im Beten besaß. Nach seinem Geheimnis gefragt, antwortete er: »Wenn ich weiß, was ich für ein Bedürfnis habe, halte ich immer so lange an mit diesem Gebet, bis ich fühle, daß es vor Gott gedrungen ist und daß ich durch mein Gebet mit meinem Gott Gemeinschaft habe. Niemals gehe ich zu einer zweiten Bitte über, wenn ich nicht zuvor die erste zum Abschluß gebracht habe.«

Ach, wie so mancher beginnt: »Vater unser, der du bist im Himmel, geheiligt werde dein Name« – und ehe er noch den anbetenden Gedanken: »Geheiligt werde dein Name!« in seiner ganzen Größe erfaßt, hat er schon angefangen, die nächsten Worte herzusagen: »Dein Reich komme« – dann taucht vielleicht plötzlich der Gedanke in ihm auf: »Wünsche ich wirklich, daß sein Reich komme? – Wenn es nun jetzt käme, wie würde es mir dann ergehen?« Und wärend er noch daran denkt, springt seine Stimme schon über zu der Bitte: »Dein Wille geschehe wie im Himmel, also auch auf Erden!« So verwirren sich die Bitten, und die Gedanken verschwimmen ineinander.

Halte doch so lange an mit jeder Bitte, bis du sie wirklich gebetet hast! Versuche doch nicht, zwei Bolzen auf einmal abzuschießen. Sie werden ja beide das Ziel verfehlen. Ringe einmal im Gebet mit Gott und siege, und dann ringe wieder. Erwirb dir einmal die göttliche Gnade, und dann geh und erwirb sie dir zum zweitenmal. Es muß ein unbefriedigendes Gefühl für dich sein, wenn die Farben deiner Gebete ineinander verschwimmen, so daß am Ende kein Gemälde mehr zu sehen ist, sondern nur eine grenzenlose Sudelei, ein Geschmiere von schlecht aufgetragenen Farben. Blicke doch auf des Herrn Gebet selbst. Was für klare, scharfe Umrisse findest du darin! Da findest du gewisse, bestimmt abgegrenzte Gnaden, da ist keine Rede davon, daß eine in die andere übergeht. So steht es vor dir, und du kannst auf das Ganze schauen, wie auf ein prachtvolles Gemälde. So soll es auch bei deinen Gebeten sein. Warte mit einer

Bitte, bis du mit dieser zustande gekommen bist, und dann gehe über zur nächsten. Bestimmte Gebetsgegenstände und heiße Gebetsinbrunst müssen vereinigt sein, da erst dämmert eine Hoffnung in dir auf, stark genug, daß du Gott in ihr überwindest.

Diese beiden Eigenschaften würden nicht ausreichen, wenn sie sich nicht mit einer dritten, noch viel wesentlicheren und göttlicheren verbänden, nämlich mit einem festen *Glauben* an Gott. Meine Brüder, glaubt ihr ans Gebet? Ich weiß es: Ihr betet, weil ihr Gottes Volk seid; aber glaubt ihr auch an die Kraft des Gebetes? Viele Christen glauben nicht daran. Sie halten wohl das Gebet für eine gute Sache, glauben auch, daß es bisweilen Wunder wirkt, aber daß das Gebet, und zwar das wahre Gebet, allzeit mit Segen gekrönt sei, das glauben sie nicht. Sie meinen, seine Wirkung hänge von vielen anderen Dingen ab; daß es wesentliche Macht oder Kraft in sich selbst trage, das glauben sie nicht.

Nun, ich bin persönlich überzeugt, daß das Gebet die größte Macht des gesamten Weltalls ist, daß es eine gewaltigere Kraft besitze als die Elektrizität, die Schwerkraft oder irgendeine andere jener geheimen Kräfte, denen der Mensch Namen gegeben hat, ohne sie zu verstehen. Das Gebet übt einen ebenso fühlbaren und unveränderlichen Einfluß auf das gesamte Weltall aus wir irgendeines der Naturgesetze. Wenn ein Mensch wirklich betet, so kann gar nicht die Frage sein, ob ihn Gott erhören werde oder nicht, er muß ihn erhören; nicht, wie wenn ein Zwang im Gebet läge, sondern weil ein süßer, segensvoller Zwang in der Verheißung liegt. Gott hat versprochen, Gebete zu erhören, und er wird sein Versprechen halten. Er, der Allerhöchste und Allertreuste, kann sich selbst nicht verleugnen. Denke nur daran, daß du, ein sündiger Mensch, hier vor Gott stehst und mit ihm sprichst und durch Gott alle Welten bewegen kannst! Dennoch wird die Schöpfung nicht gestört. Kein Blatt fällt eher vom Baume, kein Stern verändert seinen Lauf, kein einziger Wassertropfen rieselt langsamer aus seiner Quelle, alles geht seinen gewohnten Gang fort, und dennoch: dein Gebet wird sich zu den Beschlüssen und Plänen Gottes gesellen und mit ihnen reden wie mit Wesen, deren Willen täglich erfüllt wird, und diese werden ihm zurufen und sprechen: »Du bist unser Bruder; wir sind Beschlüsse und du bist ein Gebet; aber du selbst bist ja ein Beschluß, ebenso alt, ebenso sicher, ebenso ehrwürdig wie wir.« Unsere Gebete sind Gottes Beschlüsse in anderer Gestalt. Die Gebete des Volkes Gottes sind nichts anderes als Gottes Verheißungen, ausgehaucht von lebendigen Herzen, und diese Verheißungen sind die Beschlüsse, nur in andere Form und Gestalt gekleidet.

Sprich ja nicht: »Wie können meine Gebete auf Gottes Beschlüsse einwirken?« Sie können es nicht – und doch: insofern, als deine Gebete Beschlüsse sind, als sie vom Heiligen Geist deinem Herzen eingegeben sind, sind sie allmächtig und ewig wie jener Beschluß, welcher lautet: »Es werde Licht, und es ward Licht«, oder wie derjenige Beschluß, nach dem Gott sich ein Volk erwählte und dessen Erlösung durch das teure Blut Jesu Christi anordnete.

Ja, du hast Macht im Gebet und stehst heute in der Schar der mächtigsten Wesen der Erde, die Gott geschaffen hat. Du hast Macht über die Engel, und sie werden auf dein Verlangen herbeifliegen. Du hast Macht über Feuer und Wasser und über die Elemente der Erde allzumal. Du hast Macht, deine Stimme dringen zu lassen bis hinaus über die Sterne, wo die Donner in Schweigen ersterben; deine Stimme wird die Echos der Ewigkeit erwecken. Das Ohr Gottes selbst wird lauschen und die Hand Gottes selbst wird deinem Willen nachgeben. Er heißt dich rufen: »Dein Wille geschehe!« und dein eigner Wille wird geschehen. Wenn du dich auf seine Verheißung berufen kannst, dann wird dein Wille sein Wille sein.

Ist es, Freunde, nicht ein gewaltiges Ding, daß mit der Fähigkeit zu beten eine solche Macht in des Menschen Hand gelegt ist?

Und besäße er bloß den Glauben an Gott, nichts würde unmöglich für ihn sein. Aus den tiefsten Wassern wird er befreit werden – aus den schwersten Trübsalen wird er errettet werden – in Hungersnot wird er ernährt werden – in Pestilenz wird er unversehrt bleiben – in Not und Elend wird er stark und kräftig einherwandeln – im Kriege wird er immerdar beschützt werden – und am Schlachttage wird er mutig sein Haupt erheben, wenn er nur an die Verheißung glaubte und sie seinem Gott vor die Augen hielte und sich auf sie beriefe mit der Kraft einer unerschütterlichen Zuversicht.

Es gibt, ich wiederhole es, keine Kraft, die so allgewaltig wäre, keine Macht von so wunderbarer Wirkung wie die, mit der Gott jeden Menschen begabt hat, der wie Jakob mit Gott kämpfen, wie Israel obsiegen kann über ihn im Gebet.

Aber wir müssen Glauben haben; wir müssen glauben, daß das Gebet ist, was es ist. Wenn ich nicht den Glauben habe, daß mein Gebet wirksam ist, so wird es das auch nicht sein. Gott kann mir wohl Gnade schenken, selbst wenn ich keinen Glauben habe, das wird seine souveräne Gnade sein; aber er hat uns diese Gnade nicht verheißen. Wenn ich Glauben habe und kann mich mit ernstem Verlangen auf die Verheißung berufen, dann ist kein Zweifel mehr, ob ich den Segen erlange und ob mein Wille geschehen wird. Es sei denn, daß der Ewige abwiche von seinem Worte; es sei denn, daß er den Eid, den er geleistet hat, widerriefe und er selbst aufhörte, der zu sein, der er ist. So aber »wissen wir, daß wir die Bitte haben, die wir von ihm erbeten haben«.

Und jetzt laßt uns noch eine Stufe höher steigen. Mit dem bestimmten Gebetsgegenstand, mit dem heißen Gebetsverlangen, mit dem starken Glauben an die Wirksamkeit des Gebets muß sich noch verbinden eine *Hoffnung, die ihrer Verwirklichung gewiß ist*. Das heißt: Wir müssen schon imstande sein, die Gnadengaben zu überzählen, ehe wir sie empfangen haben, in dem festen Glauben, daß sie schon unterwegs sind.

Ich las diesser Tage in einem Buch mit dem Titel: »Die stille Stunde!« Darin bezieht sich der Verfasser auf eine Stelle im Buche Daniel, wo im zehnten Kapitel die ganze Maschinerie des Gebetes bloßgelegt sei. Daniel liegt im Gebet auf seinen Knien, und ein Engel kommt zu ihm. Er redet mit ihm und sagt ihm, daß seine Worte von dem ersten Tage an erhöret seien, da er von Herzen begehrte zu verstehen und sich demütigte vor seinem Gott, und daß der Herr den Engel an ihn abgesandt habe. Dann entschuldigt er sich, wie wegen eines Versäumnisses, das im Geschäftsgange eingetreten ist, und spricht: »Ich bin gekommen um deinetwillen. Aber der Fürst des Königreichs im Perserland hat mir 21 Tage widerstanden; und siehe, Michael, der vornehmsten Fürsten einer, kam mir zu Hilfe. Und komme nun, daß ich dir berichte.«

Gott haucht also das Verlangen in unsere Herzen, und ist nun einmal das Verlangen da, so beginnt der Herr zu antworten, ehe wir rufen. Ehe die Worte noch halb zum Himmel aufgestiegen sind, ja während sie noch auf den Lippen zittern, beginnt der, der des Herzens Gedanken durchschaut, sie zu erhören und sendet seinen Engel, und der Engel kommt und bringt den Segen, dessen wir bedürfen.

Manche Leute meinen, geistliche Dinge seien nichts als ein Traum, wir sprächen also nur über Phantasiegebilde. Nun wahrhaftig, ich glaube, daß im Gebet eines Christen eine ebenso große Wirklichkeit liegt wie in einem Blitzstrahl; und der Nutzen und die erhabene Pracht des Gebetes kann ebenso wahrgenommen werden wie die Macht eines Blitzstrahles, wenn er den Baum zerreißt, seine Zweige abbricht und ihn bis auf die Wurzel zersplittert. Das Gebet ist die Wirklichkeit, die die Welt in Schranken hält, die die Gesetze Gottes selbst in Fesseln legt und den Hohen und Heiligen nötigt, zu lauschen auf den Willen eines armen, aber begnadigten Sterblichen. Aber wir müssen dies glauben. Wir bedürfen einer festen Zuversicht in unserem Gebet. Wir müssen die Gnadengaben überzählen, bevor sie noch gekommen, müssen die Überzeugung haben, daß sie kommen, müssen so handeln, als ob wir sie schon hätten.

Wenn du um dein tägliches Brot gebetet hast, darf keine Sorge dich mehr beunruhigen, sondern du mußt glauben, daß dich Gott erhört hat und dir dein tägliches Brot geben wird.

Wenn du den Zustand deines kranken Kindes vor Gott gebracht hast, mußt du glauben, daß dein Kind wieder genesen wird, oder daß es, wenn es nicht wieder genaß, ein größerer Segen für dich und ein höherer Ruhm für Gott ist, und so überlaß es ihm. Du mußt sagen können: »Ich weiß, er hat mich gehört, ich will mich auf meinen Wachtturm stellen; ich will nach meinem Gott ausschauen und hören, was er meiner Seele sagen wird.«

Bist du je, o Christ, in deinen Erwartungen getäuscht worden, wenn du im Glauben betetest und auf Antwort harrtest? Ich darf an dieser Stätte es als Zeugnis meines Herzens ablegen, daß er mich, so oft ich mein Vertrauen auf ihn gesetzt, niemals versäumt hat. Ich habe mein Vertrauen auf Menschen gesetzt und bin getäuscht worden, aber mein Gott hat mir niemals die Bitte, die ich an ihn richtete, verweigert, wenn ich nur immer die Bitte mit dem Glauben an Bereitwilligkeit der Erhörung und in der Gewißheit der Verheißung zum Himmel sandte.

Aber da höre ich einen fragen: »Dürfen wir denn um Zeitliches bitten?«

Ja, du darfst es. In allen Stücken sollst du Gott wissen lassen, was du brauchst. Also nicht bloß Geistliches beten, sondern um die Angelegenheiten eines jeden Tages. Bringe auch deine leichtesten Prüfungen vor ihn. Er ist ein Gott, der Gebete erhört. Er ist ebensowohl dein Familiengott, als der Gott des Heiligtums. Nimm alles, was du hast, und bring es vor deinen Gott. Ein lieber Mann, der sich unserer Gemeinde anschließen will, erzählte mir von seiner verstorbenen Frau: »Ach« sagte er, »sie war eine Frau, die ich niemals dazu bewegen konnte, etwas zu tun, bevor sie nicht den Gegenstand Gott im Gebet vorgetragen hatte. Mochte es sein, was es wolle, sie mußte es zum Gegenstand des Gebetes machen.« – wie es Hiskia mit Rabsakes Brief machte (2. Könige 10,14), den er vor dem Herrn ausbreitete und sprach: »Dein Wille geschehe, ich stelle es dir anheim!«

Die Leute nennen Georg Müller in Bristol einen Schwärmer, weil er siebenhundert Kinder sammelt, in dem Glauben, daß Gott für sie sorgen werde. Obgleich er oftmals nichts in der Börse hat, glaubt er doch, daß es schon gehen wird. Brüder, er ist kein Schwärmer, er tut nur, was alle Christen tun sollten.

Gott wird es nicht zulassen, daß der Mensch, der auf ihn vertraut, beschämt und zuschanden werde. So habe ich euch denn nach besten Kräften gezeigt, was ich unter den vier wesentlichen Eigenschaften eines siegreichen Gebetes verstehe. – »Alles, was ihr bittet in eurem Gebet, glaubet nur, daß ihr es empfangen werdet, so wird es euch werden.«

2. Seht um euch!

Blickt euch um bei euren Zusammenkünften zum Gebet und beurteilt sie nach dem Inhalt dieses Textes. Ist es nicht eine Tatsache, daß ihr jedesmal, so oft ihr in solch eine Versammlung geht und zum Gebet aufgefordert werdet, das Gefühl habt, als hättet ihr eine Gabe zu üben? Und diese Gabe beruht bei vielen Betern (ich spreche vielleicht streng, aber doch offen) darauf, daß sie ein gutes Gedächtnis besitzen, um sich auf eine große Menge Bibelstellen zu besinnen, die seit den ältesten Zeiten von Großvater zu Großvater sich fortgeerbt haben, und daß sie imstande sind, sie in schöner regelmäßiger Ordnung herzusagen. In einigen Gemeinden, besonders in Dorfgemeinden, beruht die Gabe auch darauf, daß man eine starke Lunge hat, um in einem Atem, wenn man kurz ist, fünfundzwanzig Minuten, wenn man ausführlicher sein will, drei Viertelstunden sprechen zu können. Die Gabe beruht auch darauf, für keine Sache besonders zu bitten, sondern eine Reihe von allerlei durchzugehen, so daß das Gebet nicht einem Kreise mit einem Mittelpunkte gleicht, sondern vielmehr einer unbeschreiblichen Maschine, die überhaupt gar keinen Orientierungspunkt hat, und von der man doch meint, daß sie alle Punkte umfasse, daß sie auf jeden Gegenstand hinziele – und folglich gar nichts trifft.

Das, meine Brüder, sind in der Regel diejenigen, welche man am häufigsten zu beten ersucht, welche diese eigentümlichen und vielleicht ausgezeichneten Gaben besitzen, und doch muß ich sagen, daß ich nicht ernstlich nach solchen Gaben trachten kann.

Nun denkt euch stattdessen, es werde ein Mann aufgefordert zu beten, der nie zuvor in öffentlicher Versammlung gebetet hat, gesetzt, der stünde auf und spräche: »O Herr, ich fühle wohl, daß solch ein Sünder, wie ich bin, schwerlich mit dir reden kann, so hilf du, o Herr, mir beten! O Herr, errette meine arme Seele! Oh, errette doch auch meine alten Gefährten! Herr segne den Diener deines Wortes an unseren Seelen, sei uns gnädig und gib, daß wir von neuem geboren werden. O Herr, ich kann nicht mehr sagen; erhöre mich um Jesu willen! Amen.«

Da wird euch zu Mute, als ob ihr selbst gebetet hättet. Der Mann hat etwas Interessantes für euch, teils, weil ihr fürchtet, daß er stecken bleiben möchte, teils auch, weil ihr überzeugt seid, daß ihm das von Herzen kommt, was er spricht. Und wenn nun darauf ein anderer auftreten wollte, der in dem selben Geist betete, würdet ihr beim Fortgehen sagen: »Das heißt wirklich beten.«

Der Mann, der drei Minuten betet, ist mir lieber, als der, welcher dreißig Minuten betet; weil jener betet, dieser aber predigt.

Erlaubt mir ein Wort von einem alten Prediger anzuführen über den Gegenstand des Gebetes, und nehmt euch das kurze Wort als guten Rat zu Herzen: »Bedenke wohl, daß dich der Herr nicht wegen der Arithmetik deiner Gebete hört, er zählt nicht die Menge deiner Gebete. Er wird dich auch nicht wegen der Rhetorik deiner Gebete erhören, er macht sich nichts aus der beredten Sprache. Er wird auch nicht auf die Geometrie deiner Gebete achten, er bemißt sie nicht nach ihrer Länge oder Breite. Er wird auch nicht auf die Musik deiner Gebete achten, er macht sich nichts aus lieblichen Tönen, noch aus harmoniereichen Perioden. Auch wird er sein Auge nicht wegen der Logik deiner Gebete auf dicht richten, darum, weil sie schön geordnet und vortrefflich geteilt sind – vielmehr wird er dich hören und den Betrag des Segens, den er dir geben will, nach der Göttlichkeit deiner Gebete bemessen: wenn du dich auf die Person Christi berufen kannst, und wenn der Heilige Geist dir Eifer und Ernst eingibt, werden die Segnungen, um die du bitten wirst, sicherlich über dich kommen.

Meine Brüder, ich wollte, ich könnte den ganzen Vorrat an alten Gebeten, die wir die letzten fünfzig Jahre im Gebrauch gehabt haben, verbrennen, dieses »Öl, das geht von Gefäß zu Gefäß«, – dieses »Roß, das in die Schlacht stürzt«, – jenen so oft mißbräuchlich angeführten entstellten Bibelspruch: »Wo zwei oder drei versammelt sind in deinem Namen, da bist du mitten unter ihnen, um sie zu segnen« – und all die übrigen Zitate, die wir verfertigt, verrückt und einer dem anderen nachgesprochen haben.

Ich wünschte, wir kämen so weit, daß wir mit Gott reden könnten, und zwar offen heraus, wie wir's von Herzen meinen. Das würde eine herrliche Sache für unsere Betstunden sein, da würden sie besser besucht werden; und ich bin überzeugt, die Gebete würden von größerer Frucht sein, wenn ein jeder diese Art kalter Förmlichkeit abschütteln und so zu seinem Gott sprechen wollte, wie ein Kind zu seinem Vater redet. Bitte ihn um das, was wir brauchen, und dann setz dich nieder und höre auf. Ich spreche dies mit allem christlichen Ernste. Oft, wenn es mir nicht gefiel, in irgendeiner herkömmlichen Form zu beten, haben die Leute gesagt: »Dieser Mann ist nicht ehrerbietig gegen Gott.« O mein Lieber, der du das sagst, du bist doch nicht der Richter über meine Gottesfurcht. Ich stehe oder falle selbst meinem Meister. Ich glaube auch nicht, daß Hiob irgend jemand zitiert hat. Ich glaube auch nicht, daß Jakob den alten Heiligen im Himmel angeführt hat – seinen Vater Abraham. Ich finde auch nicht, daß Jesus Christus bei seinem Gebet Stellen aus der Heiligen Schrift anführt. Sie alle beteten mit ihren eigenen Worten. Gott wünscht es nicht, daß ihr geht und dies edle, aber sehr dumpfige Gewürz des alten Heiligtums sammelt. Er wünscht das neue Öl, das da träufelt aus den frischen Oliven eurer eignen Seele. Er wünscht Gewürz und Weihrauch, nicht aus den alten Kisten, wo sie gelegen haben, bis ihr Duft verloren gegangen, sondern er wünscht frischen Weihrauch und frische Myrrhe aus dem Ophir der Erfahrung eurer eigenen Herzen dargebracht. Achtet darauf, daß ihr wirklich betet. Lernt nicht die Sprache des Gebets erst auswendig, sondern sucht den Geist des Gebetes, und Gott, der Allmächtige, segne euch und mache euch immer mächtiger in eurem Bitten.

Ich sagte: Blickt euch um! Fahrt nur darin fort und blickt euch ferner um in eurem Betkämmerlein. Oh, meine Brüder und Schwestern, es gibt keinen anderen Ort, dessen sich irgend jemand von uns so sehr zu schämen brauchte, als wenn wir auf unsere Betstubentür blicken. Ich kann gerade nicht sagen, daß die Angeln rostig sind, sie öffnen sich und schließen sich zu ihren bestimmten Zeiten. Ich kann nicht sagen, daß die Tür verschlossen und mit Spinnweben überzogen ist. Das Gebet selbst vernachlässigen wir nicht; aber jene Wände, jene Balken an den Wänden, was für eine Geschichte könnten sie erzählen! Die Wand könnte ausrufen: »Ich habe dich gehört, als du in einer so gewaltigen Eile warst, daß du deinem Gott kaum zwei Minuten widmen konntest; und ich habe dich auch gehört, da du weder wachtest noch schliefst, und da du nicht wußtest, was du sagen wolltest.« Und ein anderer Balken könnte sprechen: »Ich habe dich kommen hören, du hast zehn Minuten zugebracht und hast um nichts gebetet, wenigstens hat dein Herz nicht gebetet. Die Lippen haben sich wohl bewegt, aber das Herz blieb still.« Und wiederum ein anderer Balken könnte sprechen: »Ach! Ich habe dich seufzen hören aus tiefster Seele, aber ich habe gesehen, wie du niedergeschlagen und schüchtern hinweggegangen bist, ohne zu glauben, daß dein Gebet erhört werden würde; die Verheißung wohl im Munde führend, aber ohne daß dein Herz überzeugt war, er werde sie erfüllen.« Wahrlich, die vier Wände der Betstube könnten sich vereinigen und in ihrem Ärger über uns herfallen, weil wir Gott mit unserem Unglauben und mit unserer Hast mit aller Art von Sünde beschimpft haben. An der Stätte seiner Gnade selbst haben wir ihn beschimpft, an dem Orte, wo seine Herablassung sich in der größten Fülle geoffenbart hat. Steht es nicht so mit uns? Müssen wir dies nicht alle nach der Reihe bekennen? So sehet denn zu, liebe christliche Brüder, daß es besser werde, und Gott gebe, daß ihr mächtiger und erfolgreicher in euren Gebeten werdet als bisher.

3. Seht über euch!

Blickt über euch, christliche Brüder und Schwestern, und laßt uns weinen. O Gott, du hast uns eine mächtige Waffe gegeben, und wir haben sie verrosten lassen. Du hast uns ein Ding gegeben, das so mächtig ist, wie du selbst, und wir haben diese Macht müßig liegen und schlafen lassen. Würde es nicht ein nichtswürdiges Verbrechen am eigenen Leibe sein, wenn einem Menschen ein Auge verliehen wäre, und er wollte es nicht öffnen, oder eine Hand, und er wollte sie nicht erheben, oder ein Fuß, und er wollte ihn steif werden lassen, weil er keinen Gebrauch davon macht. Und was sollen wir nun erst von uns selber sagen, denen Gott in und mit dem Gebet eine Kraft verliehen hat, eine unvergleichliche Kraft, voll von Segen für uns selbst und von unzähligen Gnadengaben für andere, und wir lassen diese Kraft müßig liegen! Oh, wenn das Weltall ebenso untätig wäre wie wir, was sollte dann aus uns werden! O Gott, du gabst der Sonne ihr Licht, und sie leuchtet damit. Du gabst auch den Sternen ihren Schimmer, und sie blinken. Du gabst den Winden Stärke, und sie wehen. Du gabst der Luft ihr Leben, und sie regt sich, und wir Menschen atmen in ihr. Aber deinen Kindern hast du ein Gabe verliehen, die noch besser ist als Kraft, als Leben, als Licht, und doch lassen sie dieselbe müßig liegen. Sie haben es fast vergessen, daß sie über eine solche Macht verfügen können, machen nur selten von ihr Gebrauch, und doch würde es für Myriaden von reichem Segen sein. Weine, christlicher Bruder! Konstantin, der römische Kaiser, sah, daß auf den Münzen früherer Kaiser die Bildnisse derselben in aufrechter, triumphierender Stellung geprägt waren. Stattdessen befahl er, daß sein eigenes Bildnis in kniender Stellung ausgeprägt werde; »denn«, sprach er, »das ist die Weise, wie ich triumphiert habe«. Wir werden niemals triumphieren, wenn unser Bildnis nicht in kniender Stellung gezeichnet ist. Der Grund, weshalb wir in die Flucht geschlagen, weshalb unsere Paniere im Staub geschleppt werden, ist kein anderer, als daß wir nicht gebetet haben. O geht zurück zu eurem Gott mit euren Sorgen und bekennt vor ihm, ihr Kinder von Ephraim, daß ihr bewaffnet wart, daß ihr den Bogen führtet, aber daß ihr eure Rücken am Tage der Schlacht zu Flucht wandtet. Gehet zu eurem Gott und sagt ihm, daß, wenn keine Seelen bekehrt werden, es nicht daher kommt, daß Gott keine Macht habe zu erretten, sondern daher, weil ihr nie wie in Geburtsnöten um verlorene Sünder gerungen habt. Euer Inwendiges hat nicht getönt wie eine Harfe über Kirhares, und euer Herz ist nicht bewegt wegen der Widersetzlichkeit des Stammes Ruben. Wache auf, wache auf, du Volk Israel, entsetze dich und bebe, du sorgloses Volk; ihr habt das Gebet vernachlässigt, ihr Sünder, die ihr in Zions Heiligtum selbst eingeschlafen seid.

Aber noch einmal schauet auf und freut euch. Obgleich ihr gegen ihn gesündigt habt, liebt er euch doch immer noch. Ihr habt nicht zu ihm gebetet, nicht sein Antlitz gesucht, aber siehe, er ruft euch immer noch: »Suchet mein Antlitz«; und er spricht nicht: »Suchet mich vergebens!« Seid ihr auch vielleicht nicht zur Quelle gegangen, so fließt sie doch immer noch so frei, wie zuvor. Ihr habt euer Auge dieser Sonne verschlossen, aber sie scheint immer noch auf euch in all ihrer Strahlenpracht. Ihr habt euch Gott nicht genähert, aber er wartet immer noch, um euch gnädig zu sein, und ist bereit, all eure Bitten zu hören. Siehe, er spricht zu euch: »Erkundigt euch bei mir über zukünftige Dinge und in betreff meiner Söhne und Töchter gebietet mir!« Was ist es doch für eine segensreiche Sache darum, daß der Vater im Himmel allzeit bereit ist, uns zu hören!

Bei Augustin finden wir einen sehr schönen Gedanken über die Parabel von dem Manne, der um Mitternacht an seines Freundes Tür klopft und spricht: »Freund, gib mir drei Brote!« Augustins Paraphrase nimmt ungefähr folgenden Gang:

Ich klopfe an die Tür der Barmherzigkeit. Es herrscht die Totenstille der Nacht. Wird nicht einer von den Dienern des Hauses kommen und mir aufmachen?

Nein. Ich klopfe, aber sie schlafen. Oh, Apostel des Herrn – ihr glorreichen Märtyrer – ihr schlaft, ihr ruht in euren Betten; ihr könnt mein Gebet nicht hören.

Aber werden mir nicht die Kinder antworten? Sind denn

keine Kinder da, die bereit wären, zu kommen und ihrem Bruder die Tür zu öffnen?

Nein; sie schlafen. Ihr, meine Brüder, die ihr abgeschieden seid – mit denen ich süßen Rat pflog und die ihr die Gefährten meines Herzen wart – ihr könnt mir nicht aufmachen, denn ihr ruht in Jesus, eure Werke folgen euch nach, ihr könnt nichts bewirken für mich.

Aber während die Diener schlafen und die Kinder nicht aufmachen können, ist der Meister wach, – wach auch noch zur Mitternacht. Es ist vielleicht Mitternacht in meiner Seele, aber er hört mich, und wenn ich spreche: »Gib mir drei Brote«, kommt er an die Tür und gibt mir, soviel als ich brauche. So blicke denn auf, o Christ, und freue dich!

Ich fordere euch auf an diesem Tage, daß ihr in eurem Gebet noch mehr verlangt, als die Freigebigkeit eures Meisters euch gewähren zu können scheint. Ich werfe euch den Fehdehandschuh hin. Glaubt Gott nur, daß er noch mehr ist, als er ist; öffnet euren Mund soweit, daß er ihn nicht füllen kann; geht hin zu ihm und fordert mehr Glauben, als die Verheißung euch zusagt; wagt es, erkühnt euch, tut es dem Ewigen noch zuvor, wenn es möglich ist; versucht es nur.

Oder ich will es lieber so hinstellen: Nehmt eure Bitten und Bedürfnisse und seht, ob er sie annehmen wird. Versucht es nur, ob er sein Versprechen nicht erfüllen wird, wenn ihr an ihn glaubt, und ob er euch nicht reichlich segnen wird mit dem Salböl des Heiligen Geistes, durch welches ihr stark sein werdet im Gebet.

VI. Das Gebet im Angriff des Feindes

». . . auf daß euer Gebet nicht verhindert werde«
1. Petrus 3,7

An viele Menschen kann sich diese Rede fast gar nicht wenden, weil sie nicht beten. Und es gibt andere, fürchte ich, deren Gebete so wertlos sind, daß es fast ohne Belang wäre, wenn sie verhindert würden; vielleicht würden sie sogar aus ihrem selbstgerechten Schlummer erweckt, wenn sie gezwungen wären, ihr Beten zu unterlassen. Nur äußerlich das Knie beugen, in sorgloser oder halbherziger Manier eine Formel hersagen, das heißt eher Gott verspotten als ihn verehren. Wollten wir uns darüber unterhalten, durch wie vieles Plappern und herzloses Gebetesprechen der Herr von Tag zu Tag ermüdet wird, würden wir wohl selber darüber ermüden – so viel und so Furchtbares wäre zu sagen. Ich möchte indes mit feierlichem Ernst diejenigen, die nicht wahrhaft beten, daran erinnern, daß der Zorn Gottes über ihnen bleibt. Wer nie Gnade gesucht, hat sie wahrlich nie gefunden. Unser Gewissen erkennt es als gerecht, daß Gott denen nicht gibt, welche nicht bitten wollen. Es ist das Geringste, was von uns erwartet werden kann, daß wir demütig um die Gaben bitten, die wir nötig haben; und wenn wir uns weigern, dann ist's nur recht, daß die Gnadentür verschlossen bleibt, so lange die Menschen nicht anklopfen wollen. Wenn sie eines Tages in der äußersten Not ihre Torheit beklagen, werden sie die Stimme Gottes hören, die zu ihnen spricht: »Weil ich denn rufe, und ihr weigert euch; ich recke meine Hand aus, und niemand achtet darauf, so will ich auch lachen in eurem Unfall und eurer spotten, wenn da kommt, das ihr fürchtet.«

Es gibt eine alte Erzählung von einer Fürstin, die einem Günstling einen Ring gab, den er ihr senden sollte, im Fall er je in ihre Ungnade fiele. Sie überreichte ihn mit dem Versprechen, daß er beim Anblick des Ringes ihre Gunst wieder erhalten würde. Jener Ring wurde niemals vorgezeigt, obgleich lange darauf gewartet wurde, und man konnte sich nicht sehr wundern, daß endlich das Todesurteil vollzogen wurde, man hielt den Angeklagten für einen hartnäckigen Empörer.

Den Gläubigen ist das Gebet so unschätzbar, daß Petrus ihnen empfahl, sich in ihren ehelichen und häuslichen Verhältnissen mit großer Weisheit zu verhalten, da sonst Gefahr drohte, daß das Gebet verhindert würde. Er gebietet dem Mann, »mit Vernunft« bei seinem Weibe zu wohnen und ihm seine Ehre zu geben, damit ihr gemeinsames Gebet nicht verhindert würde. Alles, was das Gebet verhindert, ist unrecht. Wenn irgendeine Ordnung der Familie oder ein Mangel an Ordnung unserer Kraft dem Gebet Abbruch tut, so ist eine Änderung dringend geboten. Mann und Weib sollten zusammen beten, als Miterben der Gnade, und jede Stimmung oder Gewohnheit, die dies verhindert, ist böse.

Der Text würde sehr geeignet sein, Christen zum Eifer im häuslichen Gebet anzuspornen, und wenn ich ihn bei dieser Gelegenheit nicht brauche, so nicht, weil ich diese Einrichtung unterschätze, denn ich achte sie so hoch, daß ich keine Worte habe, die mein Gefühl von ihrem Wert hinreichend ausdrükken könnten. Das Haus, in dem kein Familienaltar ist, kann kaum den göttlichen Segen erwarten. Wenn der Herr unsere Wohnung nicht mit seinen Flügeln bedeckt, so ist unsere Familie wie ein Haus ohne Dach; wenn wir des Herrn Leitung nicht suchen, ist unser Haushalt ein Schiff ohne Steuermann; wenn unsere Familie nicht durch Andachten eingehegt wird, ist sie ein Feld ohne Zaun.

Das traurige Betragen vieler Kinder christlicher Eltern rührt hauptsächlich von der Vernachlässigung oder der Kälte der Familienandacht her; und ich zweifle nicht daran, daß manches Gericht über unsere Häuser gekommen ist, weil der Herr nicht gebührend darin geehrt wurde. Elias Sünde führt noch immer die Heimsuchungen eines eifernden Gottes herbei. Das Wort des Jeremia trifft zahllose Familien hart. »Schütte deinen Zorn über die Geschlechter, die deinen Namen nicht anrufen.« Seine Barmherzigkeit ist über jedem Hause, wo Abend- und Morgengebete gehört werden, aber ein Haus, das diese versäumt, ladet Sünde auf sich.

In der guten alten Zeit der Puritaner sagte man: »Wenn ihr die Cheapside – das war die Hauptstraße in der City von London – hinunter geht, hört ihr zu einer bestimmten Stunde des Morgens und Abends in jedem Hause das Singen eines Psalms«, denn damals gab's kein Christenhaus ohne Familiengebet. Ich glaube, das Bollwerk des Protestantismus gegen das Papsttum ist die Hausandacht. Nehmt diese hinweg oder gebt den Unterricht der Kinder in der Furcht Gottes auf, und ihr gebt dieses Land wiederum der Lehre Preis, daß das Gebet Gott am angenehmsten in der Pfarrkirche sei, und kehrt so zurück zu der Heiligkeit gewisser Örter. Würde die Vernachlässigung der häuslichen Andacht allgemein in unseren Gemeinden, so werden dunkle Tage für unser Land kommen. Kinder, die sehen, daß ihre Eltern im häuslichen Leben ohne Gebet dahingehen, werden in Gleichgültigkeit gegen die Religion aufwachsen und in vielen Fällen ganz weltlich werden, wenn nicht völlige Gottesleugner.

Dies ist eine Sache, in der die Gemeinde keine inquisitorische Nachforschung anstellen kann, sie muß dem gesunden Verstande und dem christlichen Geiste der Familienhäupter überlassen bleiben, und ich spreche deshalb um so stärker und bitte euch, in eurem Hause alles so einzurichten, daß das Familiengebet nicht verhindert wird.

Diesmal, indes, will ich den Text zu einem anderen Zweck brauchen und ihn auf die Hindernisse anwenden, welche dem Gebet des einzelnen entgegenstehen.

Unsere Gebete können verhindert werden, indem wir erstens gehindert werden *am* Gebet; zweitens können wir gehindert werden *im* Gebet, und drittens kann die *Wirkung unseres Gebets* verhindert werden.

1. Was hindert uns am Gebet?

Das kann die Folge einer *allgemeinen Laxheit und Lauheit* in bezug auf göttliche Dinge sein. Wird jemand kalt, gleichgültig und sorglos, so wird eines der ersten Dinge, die darunter leiden, seine Andacht sein. Wenn bei einem Kranken die Kräfte abnehmen, leiden seine Lunge und seine Stimme; wenn bei einem Christen geistliche Abnahme der Kräfte eintritt, wird der Atem des Gebets angegriffen und die Stimme des Flehens wird schwach. Das Gebet ist der wahre Maßstab der geistlichen Kraft. Hemmung des Gebetes ist gefährlich und führt zum Tode – verlaßt euch darauf. Was ihr auf euren Knien seid, das seid ihr in Wahrheit vor eurem Gott. Was der Pharisäer und der Zöllner im Gebete waren, das war der wahre Ausdruck ihres Seelenzustandes. Ihr könnt euren guten Ruf unter den Menschen aufrecht erhalten, aber es ist ein Geringes, von Menschen beurteilt zu werden, denn Menschen sehen nur die Oberfläche, während des Herrn Augen ins Innerste der Seele dringen. Wenn er sieht, daß ihr ohne Gebet seid, wird er wenig darauf geben, daß ihr religiöse Versammlungen besucht oder viel von eurer Bekehrung redet. Wenn deine Gebete »verhindert« werden, dann ist etwas in deiner geistlichen Natur, das hinweggetan werden muß, oder es fehlt etwas, das augenblicklich ergänzt werden muß. »Behüte dein Herz mit allem Fleiß, denn daraus gehet das Leben«; und lebendiges Gebet gehört mit zum Leben.

Das Gebet kann ferner dadurch verhindert werden, daß *wir zu viel zu tun haben.* In unserer Zeit ist dies etwas sehr Gewöhnliches. Wir können zu geschäftig in unseren eigenen Sachen sein. Die ruhigen Tage der zufriedenen Vorfahren sind vorüber, und die Menschen bürden sich immer mehr Arbeit auf; nicht damit zufrieden, so viel zu verdienen, wie für sie und ihre Familien notwendig ist, müssen sie mehr haben, als sie selber zu genießen imstande sind oder zum Nutzen anderer verwenden können. »Genug ist so gut wie ein Fest«, sagt ein altes Sprichwort, aber heutzutage befriedigt weder das »Genug« noch ein Fest die Menschen. Mancher Mann, welcher der Gemeinde Gottes von großem Nutzen hätte sein können, wird nutzlos, weil er noch sein Geschäft ausweitet, so daß es all seine freie Zeit in Anspruch nimmt. Statt daß seine erste Sorge ist: »Was kann ich zu Gottes Ehre tun?«, verschlingt alles sein Streben, »seine Arme auszustrecken wie das Meer und das ganze Ufer einzuziehen«. Tausende, Hunderttausende und Millionen Goldstücke können die Gier nicht zum Schweigen bringen, die beständig schreit: »Mehr – mehr!« Manche kaufen Haus auf Haus, Feld auf Feld, und die Christen werden von demselben Fieber angesteckt! Der reiche Mann im Gleichnis hatte keine Zeit zum Gebet, er arbeitete Pläne aus für neue Scheunen, um seine Güter darein zu sammeln; aber zum Sterben mußte er Zeit finden, als der Herr sprach: »Diese Nacht wird man deine Seele von dir fordern.« Hütet euch, so bitte ich, vor dem Verlangen nach mehr, dem Krebs des Reichtums, der unersättlichen Gier, welche die Menschen in die Schlingen des Satans treibt; denn selbst wenn es kein anderes Unglück brächte, so wird es Schaden genug tun, wenn euer Gebet dadurch verhindert wird.

Wir können selbst in dem Hause Gottes zu viel zu tun haben und so unsere Gebete hindern, indem wir uns wie Martha viel Sorge und Mühe machen. Ich habe nie von jemanden gehört, der sich sorgte und mühte mit vielem Beten. Je mehr wir tun, desto mehr sollten wir beten; das Gebet sollte unserem Dienen das Gleichgewicht halten, oder besser: es sollte das Herzblut jeder Handlung sein und unser ganzes Leben durchdringen, wie der Tau des Himmels Gideons Fell durchtränkte. Wir können nicht zu viel arbeiten, wenn das Gebet im Verhältnis dazu steht, aber ich fürchte, manche unter uns würden viel mehr tun, wenn wir weniger unternähmen und mehr dafür beteten. Ich fürchte sogar, daß einige den öffentlichen religiösen Übungen gestatten, ihrem Umgang mit Gott Abbruch zu tun; sie besuchen zu viele Predigten, zu viele Konferenzen, zu viele Bibelstunden, zu viele Komitees, ja, sogar zu viele Betstunden – die alle an sich gut sind, aber schädlich wirken, wenn sie das Gebet im Kämmerlein verkürzen.

Eine christliche Dame sagte, wenn ein Apostel zu der Zeit

predigte, die sie für ihr einsames Gebet festgesetzt hätte, würde sie dies dennoch nicht versäumen, um hinzugehen und ihn zu hören. Es muß besser sein, bei Gott zu weilen als bei Petrus oder Paulus; besser bei dem Meister, als bei seinen Jüngern. Das Gebet ist der Zweck des Predigens; und wehe dem Mann, der die Mittel höher schätzt als den Zweck und durch irgendeine andere Form des Gottesdienstes seine Gebete beiseite drängen läßt.

Es kann auch kein Zweifel darüber bestehen, daß das Gebet verhindert wird dadurch, daß *wir zu wenig zu tun haben.* Wenn ihr etwas gut ausgerichtet haben wollt, so müßt ihr zu dem gehen, der viel zu tun hat, denn er ist der Mann, der es tun kann. Die Leute, die nichts zu tun haben, machen gewöhnlich mehr Wesens davon als nötig. Vom Morgen bis Abend vergeuden sie anderer Leute Zeit – sie sind's, welche Visiten machen, Zusammenkünfte halten, welche frappierende Artikel über Personen des öffentlichen Lebens schreiben, die oftmals in ihren eigenen dummen Hirnschalen erfunden sind. Sie sind's, die Verleumdung aushecken, die in purem Übermut den Ruf guter Menschen verunglimpfen. Da sie nichts zu tun haben, werden sie vom Satan gedungen, andere zu hindern und ihnen zu schaden. Wenn solche Leute je beten, so bin ich gewiß, daß ihre Trägheit ihnen sehr hinderlich sein muß.

Der Mann, der in einer Schule für verwahrloste Kinder lehren soll, findet, daß er um Hilfe flehen muß, um diese jungen, wilden Naturen zu bemeistern; für die junge Lehrerin, die ein Dutzend Mädchen um sich sitzen hat, welche sie gern zum Heiland führen möchte, ist es gebieterische Pflicht, für Johanna oder Helene zu beten, daß sie zu Gott bekehrt werden möchten; der Prediger, dessen Hände voll heiliger Arbeit sind und seine Augen müde von heiligem Wachen, findet, daß er nicht fertig werden kann, ohne seinem Gott zu nahen und ihn zu bitten, daß er seine Arbeit segnen möchte. Wenn diese Diener Jesu weniger zu tun hätten, würden sie weniger beten; aber heilige Arbeit ist die Pflegerin der Andacht.

Ich sagte, wir könnten zu viel tun, aber um der Wahrheit gerecht zu werden, muß ich hinzufügen, daß ein sehr großer Teil der Christen zu wenig tut. Gott hat ihnen so viel Reichtum gegeben, daß sie sich vom Geschäft zurückziehen konnten; sie haben freie Zeit genug und müssen selbst Mittel erfinden, um diese nur auszufüllen, und doch gibt es Unwissende zu unterrichten, Kranke zu trösten und Arme zu besuchen, die Hilfe nötig haben; sollten sie nicht ihre viele Muße in den Dienst Gottes stellen? Würde ihr Gebet nicht dadurch lebendiger werden? Ich möchte, sie könnten alle mit jenem Heiligen Gottes sagen: »Beten ist mein Geschäft und Preisen mein Vergnügen«; aber sicherlich werden sie dahin nie kommen, bis der Eifer um das Haus des Herrn sie vielleicht doch einmal verzehrt.

Einige Leute hindern ihre Gebete durch einen *Mangel an Ordnung*. Sie stehen ein wenig zu spät auf, haben deshalb den ganzen Tag hinter ihrem Werk herzujagen und holen's doch nicht ein, sondern sind beständig in Hast, da eine Pflicht nach der anderen auf den Fersen folgt. Sie haben keine bestimmte Zeit, um sich zurückzuziehen, kein Plätzchen, das eingehegt ist für die Gemeinschaft mit Gott; und folglich: dies oder das fällt vor, und das Gebet ist vergessen – nein, ich hoffe nicht ganz vergessen, aber es wird so leicht und eilig darüber hingehuscht, daß wenig daran ist und es ihnen keinen Segen bringt.

Ich wünschte, jeder von euch führte nächste Woche ein Tagebuch über sein Gebet und sähe, wie viel – oder vielmehr, wie wenig Zeit von den vierundzwanzig Stunden er mit Gott zubrachte. Viel Zeit wird bei Tisch verbracht, wie viele am Gnadenstuhl? Viele Stunden sind den Menschen gewidmet, wie viele eurem Schöpfer? Ihr gebt euren Freunden auf Erden etwas von eurer Muße, wie viele Minuten eurem Freunde im Himmel? Ihr gestattet euch eine Weile zur Erfrischung, aber wie viel nehmt ihr euch für die Übungen, welche in Wahrheit die Seele frisch machen? »Einen Platz für jedes Ding und jedes Ding an seinen Platz« ist eine gute Regel für Schulen und Geschäftslokale, und sie wird in geistlichen Dingen ebenso nützlich sein; andere Pflichten müssen erfüllt, aber das Gebet sollte nicht unterlassen werden, es muß einen Platz, und einen genügend großen haben. Sorge müssen wir tragen, daß »unsere Gebete nicht verhindert werden«, nicht versäumt oder abgekürzt.

2. Was hindert uns im Gebet?

Laßt uns beachten, daß einige im Gebet gehindert werden, weil *sie Zeit und Ort unpassend wählen*. Es gibt Zeiten, wo ihr ein Klopfen an der eigenen Tür erwarten könnt; klopft nicht gerade dann an Gottes Tür. Es gibt Stunden, wo eure Briefe anlangen, wo Kunden kommen, wo Handwerker euch in Anspruch nehmen, wo Arbeiter Anweisung brauchen, und es würde töricht sein, gerade dann in euer Kämmerlein zu gehen. Wenn ihr im Dienste anderer arbeitet, so bietet Gott nicht die Stunden dar, die eurem irdischen Herrn gehören; ihr ehrt Gott besser durch Fleiß und treues Arbeiten in eurem Beruf. Die Bedürfnisse des Hausstandes und eures rechtmäßigen Berufs erfordern gewisse Zeit; diese ist schon des Herrn auf eine andere Weise; braucht sie, wozu sie da ist. Befleckt nie eine Pflicht mit der Verkürzung der anderen. Widmet Gott und dem Gebet diejenigen passenden Zeiten, in welchen ihr vernünftigerweise erwarten könnt, allein zu sein.

Natürlich könnt ihr bei eurer Arbeit beten, in Ausrufungen oder stillen Seufzern, und ihr solltet den ganzen Tag über in der Stimmung des Gebetes sein; aber ich spreche jetzt von den Zeiten, die ihr speziell dem Gebete widmet; und da sage ich: Wählt Zeit und Ort so, daß ihr frei von Unterbrechung seid.

Ein frommer Knabe, der im Hause keinen Ort hatte, wo er beten konnte, ging in den Stall und stieg auf den Heuboden, aber sehr bald kam jemand die Leiter hinauf und unterbrach ihn. Das nächste Mal zog er die Leiter hinter sich weg – ein sehr nützlicher Wink für uns. Es würde in der Tat gut sein, wenn auch wir die Leiter hinaufziehen könnten, daß weder der Teufel noch die Welt in unsere heilige Einsamkeit einzudringen vermöchten. »Wenn du aber betest, so gehe in dein Kämmerlein und schließe die Tür zu, und bete zu deinem Vater im Verborgenen; und dein Vater, der in das Verborgene siehet, wird dir's vergelten öffentlich.« Wählt also Zeit und Ort passend, daß euer Gebet nicht verhindert werde.

Weltliche Sorgen sind häufige Hindernisse des Gebets. Ein

Christ sollte der sorgendste Mensch in der Welt sein und doch ohne Sorgen. Versteht ihr das Paradoxon? Er sollte sorgen, nicht zu sündigen, aber in anderen Dingen sollte er seine Sorgen auf ihn werfen, «der für ihn sorgt«. Alles aus Gottes Hand zu nehmen und alles in Gottes Hand zu lassen, macht das Leben glücklich und fördert das Gebet. Hat nicht euer Meister euch von den Raben (Lukas 12,24) und den Lilien gesagt? Euer himmlischer Vater nähret und kleidet sie, sollte er das nicht vielmehr mit euch tun? »Trachter am ersten nach dem Reiche Gottes und nach seiner Gerechtigkeit.« Der Glaube gibt Frieden, und Frieden macht die Seele frei für's Gebet; aber wenn die Sorge kommt, verwirrt sie das Gemüt und zieht das Herz ab vom Beten. Ein Herz, mit Sorgen belastet, ist wie ein Mann, der in schweren Kleidern zu schwimmen versucht; er muß sie abwerfen, wenn er das Ufer gewinnen will. Mancher Seemann hat seine Kleider in Stücke geschnitten, weil er fühlte, daß er sinken würde, wenn er sich nicht davon befreite. Ich möchte wünschen, daß manche Christen sich von ihren übermäßig vielen weltlichen Geschäften losrissen, denn sie haben eine solche Menge Sorgen auf sich liegen, daß sie kaum den Kopf über Wasser halten können. Oh, daß wir mehr Gnade hätten und weniger Plage! Mehr Beten und weniger Schätze sammeln! Mehr heißes Flehen und weniger Spekulation!

Irdische Vergnügungen, besonders die von zweifelhafter Art, sind das schlimmste aller Hindernisse. Einige, die sich Christen nennen, erlauben sich Amüsements, die, da bin ich gewiß, sich mit dem Gebet nicht vertragen. Sie gleichen den Fliegen, die in den Honig tauchen, bis die Süßigkeit an ihren Flügeln und Füßen klebt und sie nicht mehr fliegen können. Wie könnt ihr nach Hause kommen von Frivolität und Sünde und dann in das Angesicht Jesu blicken? Wie kann man den Sitten der Welt folgen und Gemeinschaft mit Gott aufrecht erhalten? Ihr könnt euch nicht im Schlamm wälzen und hernach mit reinen Gewändern dem Gnadenstuhl nahen. Wie könnt ihr vor den Thron Gottes mit Bitten kommen, wenn ihr eben den Namen des Allerhöchsten entehrt habt? O Christen, haltet euch fern von allem, bei dem ihr zweifelt, ob es recht oder auch nur schicklich sei, denn was nicht aus dem Glauben kommt, ist Sünde und wird eure Gebete hindern.

Ferner kann das Gebet eben so sehr *durch weltliche Traurigkeit gehindert werden.* Manche überlassen sich der Traurigkeit so sehr, daß sie nicht einmal beten können. Die Tränen des aufrührerischen Murrens feuchten das Pulver des Gebets, daß der Christ seine Wünsche nicht himmelwärts senden kann, wie er sollte. Die Traurigkeit, die das Gebet eines Menschen hindert, ist offene Empörung gegen Gottes Willen. Unser Herr war »betrübt bis in den Tod«, aber da betete er; nein, »darum« betete er. Es ist recht, traurig zu sein, denn Gottes Absicht ist, daß die Trübsal uns schmerzlich sein soll und nicht angenehm; aber wenn die Traurigkeit rechter Art ist, wird sie uns zum Gebet treiben und nicht von demselben weg; und wenn wir finden, daß unser Kummer beim Verlust eines lieben Kindes oder bei der Abnahme unseres Vermögens unsere Gebete hindert, so meine ich, sollten wir uns sagen: »Nun muß ich beten, denn es kann nichts anderes als unrecht sein, so aufrührerisch gegen meinen Vater zu sein, daß ich nichts von seiner Hand erbitten will.«

Wenn dein Kind sich weigerte, irgend etwas von dir zu bitten, weil es seinen Willen nicht bekommen hat, und schmollend im Haus umher ginge, würdest du es für sehr halsstarrig halten; doch benehmen sich manche Trauernde so. Wir würden sicher Mitgefühl für ihren Schmerz haben, aber wir können ihr Murren nicht entschuldigen; denn »die Traurigkeit der Welt wirkt den Tod« und ist unziemlich für ein Kind Gottes. Mit all eurem Kummer und in den Staub gebeugt vor Betrübnis, ruf dennoch mit eurem Herrn und Meister: »Doch nicht, wie ich will, sondern wie du willst!« Dann werden eure Gebete gefördert, nicht gehindert.

Es gibt Fälle, in denen das Gebet sehr *durch eine heftige Gemütsart verhindert* wird. Ich weiß nicht, wo dies trifft, aber wo immer, da hoffe ich, daß es zu Herzen geh'n wird. Ihr könnt nicht beständig scharf mit den Dienstboten und Kindern sprechen, ihr könnt euch nicht in üble Laune versetzen, ihr könnt euch nicht bei einem großen Streit oder bei kleinen Zänkereien beteiligen und dann hingehen und mit allen Kräften beten. Mein Gebet steigt nicht empor, wenn ich zornig bin, und ich glaube nicht, daß eures dazu imstande ist. Steht auf, geht und bringt die Sache in Ordnung, ehe ihr versucht, mit Gott zu reden, denn das Gebet zorniger Menschen macht Gott zornig. Ihr könnt nicht mit dem Engel kämpfen (Hosea 12, 5), wenn ihr unter der Macht des Teufels seid. Ist es nicht so? Ich berufe mich auf euer eigenes Gewissen – ihr sollt selbst Richter sein. Es ist eine gute Vorschrift unseres Herrn: »So laß allda vor dem Altar deine Gabe, und gehe zuvor hin und versöhne dich mit deinem Bruder.« Wenn das nicht getan wird, kann das Opfer nicht angenommen werden, und ich sehe nicht, wie ihr wagen könnt, es darzubringen.

Ich habe von zwei guten Männern gehört, die einen Streit miteinander hatten. Ich weiß nicht, wer Schuld hatte – vielleicht keiner; es mag ein Mißverständnis gewesen sein; der eine aber sah, während er sehr erbittert nach Hause ging, die Sonne untergehen, und der Spruch fiel ihm ein: »Lasset die Sonne nicht über eurem Zorn untergehen.« Er dachte: »Ich will umkehren und mich entschuldigen, denn ich glaube, ich habe zu scharf gesprochen.« Er ging zum Büro seines Freundes zurück und begegnete auf dem halben Wege dem andern, der in derselben Absicht zu ihm kam. Glückliche Christen, die so der Mahnungen des Heiligen Geistes eingedenk und dem Herrn Jesus so ähnlich sind! Es müssen ja Ärgernisse kommen, aber selig sind die, welche sie zuerst entfernen. Ach, Menschen von einer gewissen Art können das nicht tun; sie hegen einen Groll, bis er fault und ihre ganze Natur mit seinem widerwärtigen Geruch anfüllt; sicherlich können sie nicht erwarten, daß ihre Gebete erhört werden, so lange ihre unbegrabenen Feindschaften ihre Seele verunreinigen. Versucht, liebe christliche Freunde, so weit ihr könnt, nicht zu sündigen, wenn ihr zürnt. Es ist möglich, denn es steht geschrieben: »Zürnet, und sündiget nicht.« Ein Mann, der keinen Zorn in sich hat, ist kaum ein Mann, und gewiß kein guter Mann, denn wer nicht über die Sünde zürnt, liebt nicht die Tugend. Man sagt von einigen, daß sie so bequem und gefügig sind wie ein alter Schuh; gewöhnlich sind diese Leute nicht mehr wert als ein solcher. Der Zorn gegen Ungerechtigkeit ist recht, aber jener Zorn gegen die Person, der so ausartet, daß er ihr Böses wünscht, ist sündlich und bläst das Feuer des Gebets aus. Wir können nicht um Vergebung bitten, wenn wir nicht andern ihre Schuld gegen uns vergeben.

Weiter kann das Gebet auf dreierlei furchtbare Weise verhindert werden: wenn wir den Vater verunehren, zu dem wir beten, oder den Sohn, in dem wir beten, oder den Heiligen Geist, durch den wir beten.

Ich sage, wir können *den Vater verunehren*. Dies kann geschehen durch Abweichen von seinem Gebot. Wenn Kinder Gottes dem Willen des Vaters nicht gehorsam sind, so müssen sie sich nicht wundern, wenn's ihnen schwer fällt, zu beten. Es wird etwas in ihrer Kehle sein, was ihr Gebet hemmt. Ihr könnt nicht euer Herz in erhörlicher Weise ausschütten, wenn ihr nicht an euren himmlischen Vater glaubt. Wenn ihr bittere Gedanken über Gott hegt, wenn ihr ein kaltes Herz gegen ihn habt und Mangel an Ehrfurcht vor seinem Namen – auch wenn ihr nicht an das große, gütige Herz glaubt, das nur darauf wartet, euch zu segnen, wird euer Mangel an Liebe, Glauben und Ehrfurcht euer Gebet ersticken. Aber wenn ein Mensch völlig eins ist mit dem großen Vater, wenn »Abba, lieber Vater« der wahre Ausdruck seiner Seele ist, wenn er mit Gott redet, wie mit einem, in den er unbedingtes Vertrauen setzt, dessen Willen er sich vollkommen übergibt und dessen Ehre seiner Seele Freude ist – dann ist im Gebet der Vorteil auf seiner Seite; er wird von Gott erreichen, was er will.

Ebenso, Brüder, *wenn wir nicht richtig zu Jesus stehen,* in dem wir beten, wenn wir in irgendwelchem Maße selbstgerecht sind, wenn wir an uns selber Freude haben und unsern Geliebten vergessen, wenn wir uns einbilden, daß wir ohne den Heiland fertig werden können – wenn wir deshalb wie selbstgefällige Pharisäer bitten – dann werden unsere Gebete verhindert.

Wenn wir nicht dem Heilande gleichen, wenn wir ihn nicht unser Vorbild sein lassen; wenn wir nichts von seiner liebevollen Gesinnung haben und besonders wenn wir ihn »wiederum kreuzigen und für Spott halten« und undankbar für die Güter sind, die wir schon empfangen – dann werden unsere Gebete verhindert. Ihr könnt nicht vor Gericht eure Sache führen, wenn ihr mit eurem Anwalt im Streit seid. Wenn euer Gebet nicht von dem großen Fürsprecher in die Hand genommen und von ihm, euch zugute, dargebracht wird, so werdet ihr kein Herz für die heilige Übung haben.

So wiederum mit dem *Heiligen Geist*. Gott nimmt kein Gebet an, das nicht der Heilige Geist zuerst in unser Herz geschrieben hat. Wahres Gebet besteht eben nicht darin, daß wir unsere Sache vertreten, sondern daß der Geist Gottes uns vertritt. Wenn wir aber den Geist betrüben, wird er uns nicht helfen, zu flehen; und wenn wir um etwas zu bitten versuchen, das der heiligen, gütigen, liebenden Natur des Geistes zuwider ist, können wir nicht erwarten, daß er uns fähig macht, im Widerspruch mit Gottes Willen zu beten. Nehmt euch in acht, daß ihr den heiligen Geist nicht erbittert, auf irgend eine Art besonders, indem ihr eure Ohren seinen leisen Warnungen, seinen lieben Rufen, seinen ernsten Mahnungen, seinen sanften Erinnerungen verschließt; denn wenn ihr für den göttlichen Tröster taub seid, so wird er für euch stumm sein. Er wird euch nicht beten helfen, wenn ihr ihm in anderen Dingen nicht folgt.

3. Was verhindert die Wirkung unseres Gebets?

Ich bedarf nun eurer ernsten Aufmerksamkeit für den wichtigsten Teil von allen.

Wir mögen beten, aber das Gebet wird vielleicht nicht erhört. Laß mich hier eine Bemerkung einschieben. Der Herr erhört das Gebet eines jeden, der um Gnade bittet durch die Vermittlung Jesu. Er verachtet nie das Geschrei der Bußfertigen, denn er ist bereit, alle die zu erhören, die Versöhnung suchen.

Es ist aber auch wahr, daß *Gott die Sünder nicht hört* – d. h. *so lange sie Sünder bleiben wollen*, will er ihnen ihre Wünsche nicht gewähren; wenn er es täte, würde er sie in ihren Sünden bestärken. Wenn sie Buße tun und um Gnade durch Christus schreien, will er sie hören und selig machen. Aber, wenn sie nicht erst mit ihm versöhnt sind, so ist ihr Beten leerer Wind.

Ein Mann erhört seines Kindes Bitten, aber nicht das der Fremden; er hört Freunde an, aber nicht Feinde. Es gebührt sich nicht, daß der goldene Schlüssel zu des Himmels Juwelenkästchen an des Empörers Gürtel hänge. Ja noch mehr: Gott hört nicht ein Kind wie das andere oder gleich zu allen Zeiten. Nicht jeder Gläubige ist mächtig im Gebet. Lest den neunundneunzigsten Psalm. Ihr werdet da Worte finden wie diese: »Mose und Aaron unter seinen Priestern, und Samuel unter denen, die seinen Namen anriefen, sie riefen an den Herrn, und er erhörete sie. Sie hielten seine Zeugnisse und seine Gebote, die er ihnen gab.« Ja, er erhörte sie, Moses, Aaron, Samuel – er erhörte sie, denn sie hielten seine Zeugnisse. Wenn Kinder Gottes finden, daß ihr Beten fruchtlos ist, sollten sie nachsuchen, und sie werden bald eine Ursache entdecken, warum ihre Gebete verhindert sind.

Zuerst muß der Gläubige ein heiliges Leben führen, wenn seine Gebete Frucht schaffen sollen. Hört: »Des Gerechten Gebet vermag viel, wenn es ernstlich ist.« Bemerkt diesen Punkt – des Gerechten. Hört auf unsern Heiland (Johannes 15,7): »Wenn ihr in mir bleibt und meine Worte in euch bleiben, werdet ihr bitten, was ihr wollt, und es wird euch widerfahren.« Es ist ein »wenn« hier. Wenn ihr Christi Willen nicht tut, wird er nicht euren Willen tun. Das hat nichts mit dem Gesetz zu tun, sondern ist die evangelische Regel in Christi Haus, daß der Gehorsam als sein Lohn Macht im Gebet erhalten soll. Gerade wir ihr's mit euren Kindern macht; ihr haltet sie unter Zucht; ihr werft sie nicht aus dem Hause oder überweist sie der Polizei, wenn sie fehlen, aber ihr habt Mittel, die Eigensinnigen zu bestrafen und die Gehorsamen zu belohnen. Das ist rechte Zucht und eine solche, wie Gott sie an uns übt. Er verwirft nicht seine Kinder um ihrer Sünden willen und verleugnet sie nicht, aber er züchtigt sie in Liebe, und eins ihrer Zuchtmittel ist der Ausschluß ihrer Gebete. Wenn mir jemand von einem Mann erzählte, dessen Gebete Gott oft erhörte, und mir dann mitteilte, daß er in großer Sünde lebe, würde ich es nicht glauben. Es ist unmöglich, daß Gott einen, der seinen Namen bekennt und doch solcher Sünden schuldig ist, begünstigen sollte, indem er seine Gebete erhörte. Der Blinde, den Jesus heilte, sagte sehr richtig: »So jemand seinen Willen tut, den höret er.«

Zweitens muß mit dem Gehorsam *der Glaube* verbunden sein. »Wer zu Gott kommen will, der muß glauben, daß er sei, und denen, die ihn suchen, ein Vergelter sein werde.« »Er bitte aber im Glauben und zweifle nicht; denn wer da zweifelt, der ist wie die Meereswoge, die vom Winde getrieben und gewebet wird. Solcher Mensch denke nicht, daß er etwas von dem Herrn empfangen werde.« Der Glaube erlangt die Verheißung, der Unglaube geht leer aus. Der Herr mag vielleicht einem Zweifler ein Gut geben, aber das ist über die Verheißung hinaus, und er hat kein Recht, es zu erwarten. Das Gebet, das am meisten bei Gott vermag, ist das Gebet dessen, der glaubt, daß Gott ihn hören wird, und der deshalb mit Zuversicht bittet. Ohne Glauben ist's unmöglich, Gott zu gefallen, im Gebet oder in irgend etwas anderem; es ist der wahre Nerv, die Sehne und der Muskel unserer Fürbitte.

Drittens muß *ein heiliges Begehren* da sein, sonst ist das Gebet verfehlt; und dies Begehren muß sich auf eine Verheißung gründen. Wenn ihr nicht finden könnt, daß Gott den Segen versprochen hat, habt ihr kein Recht, darum zu bitten. Es nützt dir nichts, von einem Bankier Geld zu verlangen ohne eine Anweisung; sie kennen dich nicht am Zahlungstisch; sie kennen nur das Versprechen auf der Anweisung, und wenn du das vorzeigst, wirst du den Betrag erhalten, aber anders nicht.

Du mußt Gottes eigne Verheißungen vor den Gnadenstuhl bringen, der der Zahlungstisch des himmlischen Schatzmeisters ist, und du wirst erlangen, was du brauchst, aber nur auf diesem Wege. Beachte daher, daß der Glaube der Bogen ist, und das starke Verlangen legt den Pfeil auf die Sehne, der aufwärts gesandt werden soll. Kein Pfeil kann in den Himmel abgeschossen werden, als der, welcher vom Himmel hernieder gekommen ist. Christen nehmen ihre Pfeile aus Gottes Köcher, und wenn sie dieselben abschießen, haben sie auf ihren Lippen das Wort: »Tue, wie du gesagt hast. Gedenke deines Knechtes nach deinem Wort, auf welches du mich hoffen läßt.« So ist das wirksame Gebet das Verlangen eines heiligen Herzens, bekräftigt durch die Verheißung. Wahre Gebete sind gleich jenen Brieftauben, die ihren Weg so gut finden; sie können nicht anders als zum Himmel gehen, denn sie kennen den Himmel; sie gehen nur heim.

Ferner: wenn das Gebet hinaufsteigen soll, muß *Ernst und Dringlichkeit* da sein. Es steht geschrieben: »Das Gebet des Gerechten vermag viel, wenn es ernstlich ist«; nicht das halb tote – halb lebendige Gebet des bloßen Namenchristen, – nicht das Gebet dessen, dem es einerlei ist, ob er erhört wird oder nicht. Eifer, Inbrunst muß da sein, Ausschütten des Herzens vor Gott. Der Pfeil muß auf die Bogensehne gelegt und der Bogen mit all unsern Kräften gezogen werden. Der beste Bogen ist nichts nütze, bis du ihn spannst; und wenn du den Bogen des Glaubens spannst und nach dem Ziel im Himmel schießest, wirst du erlangen, was du willst, aber du mußt entschlossen sein, es zu erreichen – nur die einzige Schranke setzen: »Des Herrn Wille geschehe« – und es wird dir gelingen.

Wir müssen aber auch *Gottes Ehre wünschen*, – denn dies ist das Weiße in der Scheibe – und wenn wir nicht darauf zielen, wird der Pfeil nichts vermögen. Wir müssen ernstlich wünschen, was wir bitten, weil wir glauben, daß es zu Gottes Preis sein wird, wenn er es uns gibt. Wenn wir ganz dem Herrn leben, werden unsere Gebete mit seinen Absichten parallel laufen, und keins wird vergeblich sein. »Habe deine Lust am Herrn, und er wird dir geben, was dein Herz wünschet.«

Wir müssen auch *voll heiliger Erwartung sein*, sonst hindern wir unser Gebet. Wer da schießt, muß sehen, wohin sein Pfeil geht. Wir müssen unser Gebet zu Gott richten und hinauf sehen. In allem auf Jesum blickend, müssen wir hoffen, um seines Verdienstes Willen erhört zu werden. »Wenn wir glauben, daß er uns höret, so wissen wir, daß wir die Bitte haben, die wir von ihm gebeten haben.«

Der Eigendünkel schießt ein Gebet mit dem Bogen des

Selbstvertrauens, nicht zur Ehre Gottes, sondern zur Befriedigung seiner selbst; deshalb mißlingt es ihm. Einige haben die Idee, sie könnten von Gott bitten, was ihnen gefiele, und wären sicher, es zu erhalten; aber ich frage sie: »Wer seid ihr?« – »Um was wollt ihr bitten?« – »Welches Recht habt ihr, es zu erwarten?« Diese Fragen müssen klar beantwortet werden, sonst kann das Gebet eine Beschimpfung Gottes sein.

Ich möchte, einige Christen, die um irdische Dinge beten, achteten ein wenig darauf, wie sie handeln. Wenn sie durch Verschwendung in Not geraten, hoffen sie, daß Gott ihnen heraushelfen soll. Ich erinnere mich einer Bemerkung von Müller in Bristol. In einer Betstunde las er den Brief eines Bruders vor, der ihm für eine Gabe von zwanzig Pfund dankte, die ihm wie von der Vorsehung geschickt wäre, denn er hätte die halbjährige Miete zu bezahlen gehabt. Müller bemerkte: »Ja, unser Bruder muß sehr dankbar sein; aber ich habe die Absicht, ihm zu schreiben und ihm zu sagen, daß er nicht eine halbjährige Miete schuldig sein müsse, ohne für die Zahlung zu sorgen; er handelt unvernünftig und ungerecht, daß er nicht etwas zurücklegt, um die Forderung zu decken. Als ich ein Haus mietete, sagte ich: »Dieses Haus gehört einem andern, ich bin verpflichtet, ihm die Miete zu zahlen, und deshalb legte ich wöchentlich etwas dafür zurück. Ich vertat nicht das Geld und erwartete dann am Ende des Quartals, daß der himmlische Vater mir mehr schicken würde.« Dies war rechte Moral und gesunder Menschenverstand, und ich bitte euch, danach zu handeln. Betet ja, aber »seid niemand etwas schuldig«. Um das tägliche Brot sollt ihr bitten, aber von Spekulationen, die euren Ruin herbeiführen oder euer Glück machen können, darf nicht die Rede sein. Wenn ihr das Spielen anfangt, könnt ihr eben so gut das Gebet aufgeben. In ehrlichen Geschäften möget ihr beten, aber bringt den Herrn nicht in euer Glücksspiel hinein!

Ich werde ersucht, für einen jungen Mann zu beten, der eines Defizits in der Kasse willen seine Stelle verloren hat, damit er eine andere Stelle bekäme; aber statt das zu tun, rate ich, daß er für sich selbst betet, daß Gott ihn ehrlich mache.

Ein anderer, der tief in Schulden steckt, will, daß ich für ihn um Hilfe beten soll, aber mein Rat ist, daß er seinen Gläubigern einen Teil bezahlt, so lange er noch etwas hat. Ich werde nicht von Gott erbitten, was ich nicht von Menschen erbitten möchte. Zum Gnadenstuhl kommen, heißt auf heiligen Boden treten; damit sollen wir nicht spielen oder der Sünde damit dienen. »Ihr bittet und kriegt nicht, darum, daß ihr übel bittet, nämlich dahin, daß ihr es mit euren Wollüsten verzehret.« Wenn wir »dem Herrn entgegen wandeln, so wird er uns entgegen wandeln« (3. Mose 26,27.28), und ich sage zu jedem hier, der sich in Not befindet und ein Christ ist: Geh den geraden Weg heraus, tue das Rechte, und wenn's dir Leiden bringt, trag es als ein Mann, und dann geh zu Gott und sprich: »Herr, ich habe durch deine Gnade einen ehrlichen, geraden Weg gewählt; nun hilf mir«; und er wird es tun.

Gott gebe uns Gnade, daß wir als Christen mit Gott in der Kraft seines Geistes wandeln und allein auf Jesus trauen; er mache jeden von uns mächtig im Gebet. Ein Mann, den Gott gelehrt hat, mit Kraft zu beten, ist eins mit Gottes Sinn und ist Gottes Hand, die sich unter den Menschenkindern beweget; wenn er wirkt, wirkt Gott in ihm. Er muß indes sorgsam und wachsam sein, denn der Herr ist ein eifersüchtiger Gott und am meisten eifersüchtig, wo er am meisten liebt. Gott gebe euch, Brüder, demütig vor Gott zu wandeln und in seiner Nähe zu leben, »daß eure Gebete nicht verhindert werden«. Amen.

Vor der Predigt verlesen: Maleachi 3.

VII. Das Gebet als Segen

»Wenn ihr in mir bleibet, und meine Worte in euch bleiben, werdet ihr bitten, was ihr wollt, und es wird euch widerfahren.«   Johannes 15, 7

Die Gläubigen erfreuen sich nicht aller Gnadengaben sogleich. Wenn wir zu Christus kommen, sind wir durch ihn errettet, aber durch das Bleiben in ihm werden wir dann die Reinheit, die Freude, die Macht, den Segen, überhaupt alles empfangen, was in ihm für sein Volk vorhanden ist. Unser Herr sagt: »So ihr bleiben werdet an meiner Rede, so seid ihr meine rechten Jünger, und werdet die Wahrheit erkennen, und die Wahrheit wird euch frei machen« (Johannes 8,31.32). Wir erkennen die ganze Wahrheit nicht sogleich, sondern lernen sie durch das Bleiben in Jesus. Das Beharren in der Gnade ist ein Erziehungsvorgang, durch welchen wir die Wahrheit völlig erkennen. Die befreiende Macht dieser Wahrheit wird also allmählich erkannt und gewürdigt. »Die Wahrheit wird euch frei machen.« Eine Bindung nach der anderen wird gelöst, und wir sind freilich frei. Euch jungen Anfängern im göttlichen Leben mag es eine Ermunterung sein, daß es noch etwas Besseres für euch gibt. Wenn ihr in Christus bleibt, werdet ihr ein festeres Vertrauen, reichere Freude, größere Beständigkeit, mehr Gemeinschaft mit Jesus und größere Freude an dem Herrn, eurem Gott, erhalten. In der Kindheit hat man mit vielen Übeln zu kämpfen, von welchen das Mannesalter frei ist. Ist es doch in der geistlichen Welt ähnlich, wie in der natürlichen.

Es gibt unter den Gläubigen Grade im Blick auf das Erlangen der verschiedenen Gnadengaben. Der Heiland reizt uns hier gewissermaßen, indem er ein Vorrecht erwähnt, das nicht für alle ist, die von sich sagen, daß sie in Christus sind, sondern nur für die, die in ihm bleiben. Jeder Gläubige sollte in Christus bleiben, aber viele haben es bis jetzt schwerlich dazu gebracht. Jesus sagt: »Wenn ihr in mir bleibet, und meine Worte in euch bleiben, werdet ihr bitten, was ihr wollt, und es wird euch widerfahren.« Um Christus zu erkennen, müßt ihr mit ihm leben, und je länger ihr mit ihm lebt, desto mehr werdet ihr ihn bewundern und anbeten, ja, desto mehr werdet ihr von ihm empfangen Gnade um Gnade. Gewiß, er ist ein herrlicher Christus auch für den, der nur einen Monat in der Gnade alt ist; aber diese Säuglinge können kaum sagen, welch ein kostbarer Jesus er denen ist, deren Bekanntschaft mit ihm eine Dauer von fast einem halben Jahrhundert hat. Jesus wird den Gläubigen, die in ihm bleiben, von Tag zu Tag teurer, schöner und lieblicher. Nicht, als ob er in sich selbst vollkommener würde, denn er ist vollkommen; sondern vielmehr nehmen wir in seiner Erkenntnis zu und lernen ihn als den Unvergleichlichen immer mehr schätzen. Oh, daß wir fortfahren möchten, zu wachsen in allen Stücken an ihm, der unser Haupt ist, damit wir ihn immer mehr preisen!

Ich bitte euch, eure ernste Aufmerksamkeit auf den Text zu richten und über drei Fragen nachzudenken. Zuerst, worin besteht dieser besondere Segen, wenn es heißt: »Ihr werdet bitten, was ihr wollt, und es wird euch widerfahren?« Zweitens, wie wird dieser besondere Segen erlangt? »Wenn ihr in mir bleibet und meine Worte in euch bleiben.« Dann drittens, warum wird er in dieser Weise erlangt? Es muß ein Grund vorhanden sein für die Bedingungen, welche zur Erlangung der verheißenen Macht des Gebetes erforderlich sind.

1. Worin besteht dieser Segen?

Laßt uns den Vers noch einmal lesen. Jesus sagt: »Wenn ihr in mir bleibet und meine Worte in euch bleiben, werdet ihr bitten, was ihr wollt, und es wird euch widerfahren.«

Achtet darauf, daß der Herr gerade erst die Warnung ausgesprochen hat, daß wir ohne ihn nichts tun können. Wir hätten deshalb nun ganz natürlich erwarten können, jetzt von ihm zu hören, wie wir alle geistlichen Taten auszurichten vermögen. Aber der Herr Jesus sagt nicht: »Ohne mich könnt ihr nichts tun; doch wenn ihr in mir bleibt und meine Worte in euch bleiben, so werdet ihr alle geistlichen und lieblichen Dinge tun können.« Er spricht jetzt nicht von dem, wozu die Seinen imstande sein werden, sondern von dem, was an ihnen geschehen wird. »Es wird euch widerfahren.« Er sagt nicht: »Es wird euch genügend Kraft verliehen werden zum Tun aller guten Werke, wozu ihr ohne mich nicht imstande seid.« Das würde ja wahr genug und gerade die Wahrheit sein, welche wir hier erwartet hätten. Der Herr geht aber in seiner Weisheit viel weiter und sagt etwas viel Besseres: ». . . ihr werdet bitten.« Durch das Gebet werdet ihr zum Tun befähigt werden. Vor jedem Versuch, etwas zu tun, sollt ihr bitten. Das köstliche Vorrecht, das hier gegeben wird, ist ein mächtiger, den Sieg davontragender Gebetsgeist. Die Macht des Gebetes ist ein wichtiges Zeichen unsrer geistlichen Stellung, und wenn uns diese in einem hohen Grade gesichert ist, so sind wir im Blick auf alle anderen Dinge bevorzugt.

Einer der ersten Erfolge unsrer bleibenden Verbindung mit Christus wird also die *Übung des Gebets* sein: »Ihr werdet bitten.« Wenn andre nicht bitten, suchen, anklopfen, so werdet ihr es jedenfalls tun. Diejenigen, die sich von Jesus fern halten, beten nicht. Menschen, deren Gemeinschaft mit Jesus unterbrochen ist, haben den Eindruck, als könnten sie nicht beten, aber Jesus sagt: »Wenn ihr in mir bleibet, und meine Worte in euch bleiben, werdet ihr bitten.« Das Beten kommt bei denen, die in Jesus bleiben, von selbst, ähnlich wie bestimmte Bäume im Orient ohne Pressen ihr wohlriechendes Harz ausströmen lassen. Beten ist der natürliche Ausfluß einer in Gemeinschaft mit Jesus stehenden Seele.

Gerade so, wie ohne sichtbare Anstrengung, sondern einfach durch die lebendige Verbindung mit dem Weinstock, Blätter und Frucht aus den Reben hervorkommen, so knospet und blüht aus denen, die in Jesus bleiben, das Gebet und trägt seine Frucht. Wie die Sterne leuchten, so beten die, welche in Jesus bleiben. Es ist ihnen eigen, gleichsam ihre zweite Natur. Sie sagen nicht: »Es ist jetzt Zeit, an unsre Aufgabe zu gehen und zu beten«, nein, sie beten wie vernünftige Menschen reden, wenn sie das Bedürfnis danach fühlen. Sie seufzen nicht wie unter der Knechtschaft: »Jetzt sollte ich beten, aber ich fühle mich nicht dazu aufgelegt. Ich bin zu müde!«, sondern haben vielmehr eine freudige Botschaft vor den Gnadenthron zu bringen und freuen sich darüber. Aus dem Herzen, das in Jesus bleibt, steigen Bitten auf, wie aus dem Feuer Funken und Flammen. Menschen, die in Jesus bleiben, fangen den Tag mit Gebet an, das Gebet umgibt sie den ganzen Tag wie die Luft, betend schlafen sie abends ein. Ich weiß, daß sie selbst im Traum beten und freudig sagen können: »Wenn ich erwache, so rede ich von dir.« Die Gewohnheit des Betens kommt von dem Bleiben in Christus. Wenn du in Jesus bleibst, wird es nicht nötig sein, dich zum Gebet aufzufordern, denn er sagt: »Ihr werdet bitten.« Und verlaß dich darauf, es wird geschehen.

Ihr werdet auch kräftig *die Notwendigkeit des Gebets fühlen* und lebendig erkennen. Sagst du vielleicht: »Wenn wir in Christus bleiben, und seine Worte in uns bleiben, haben wir dann nicht schon alles erlangt?« Nun, fern sind wir davon, mit uns selbst zufrieden zu sein. Wir fühlen es dann nur um so deutlicher, daß wir um mehr Gnade bitten müssen. Wer Christus am besten kennt, kennt auch seine eigenen Bedürfnisse am besten. Wer am meisten von Christi Leben durchdrungen ist, ist auch am meisten von seinem eigenen Tode ohne Christus überzeugt. Wer am klarsten das vollkommene Wesen Jesu erkennt, wird am inbrünstigsten in dem Gebet sein, in ihm zu wachsen. Je mehr ich danach strebe, in meinem Herrrn zu sein, desto mehr suche ich von ihm zu erhalten, da ich weiß, daß alles, was in ihm ist, zu dem Zweck da ist, daß ich es erhalten soll. »Von seiner Fülle haben wir alle genommen Gnade um Gnade.« In dem Verhältnis, wie wir mit Christi Fülle verbunden sind, fühlen wir die Notwendigkeit, durch fortwährendes Gebet von ihr zu nehmen. Niemand braucht einem Gläubigen, der in Christus bleibt, die Lehre des Gebets zu beweisen, denn er kennt aus eigener Erfahrung dessen Segen. Das Gebet ist unserm geistlichen Leben ebenso notwendig wie das Atmen dem natürlichen Leben. Wir können nicht leben, ohne Gaben vom Herrn zu erbitten. »Wenn ihr in mir bleibet und meine Worte in euch bleiben, werdet ihr bitten« und nie wünschen, mit Bitten aufhören zu dürfen. Er hat gesagt: »Ihr sollt mein Antlitz suchen«, und euer Herz antwortet: »Ich suche, Herr, dein Antlitz.«

Die Frucht unseres Bleibens ist nicht nur die Übung des Gebets und das Gefühl, daß es notwendig ist, sondern schließt auch eine *Freiheit im Gebet* ein. »Ihr werdet bitten, was ihr wollt.« Habt ihr nicht zuweilen auf den Knien gelegen ohne Kraft zum Gebet? Habt ihr nicht gefühlt, daß ihr nicht bitten konntet, wie ihr es möchtet? Ihr wolltet beten, aber das Wasser war gefroren und wollte nicht fließen. Ihr sagtet traurig: »Ich bin wie eingeschlossen und komme nicht weiter.« Der Wille war da, aber nicht die Freiheit, den Willen im Gebet kundzugeben. Wünschst du Freiheit im Gebet, so daß du mit Gott reden kannst, wie ein Mensch zu seinem Freund redet? Hier ist der Weg dazu. »Wenn ihr in mir bleibet, und meine Worte in euch bleiben, werdet ihr bitten, was ihr wollt.«

Ich meine nicht, daß du Freiheit erlangst, fließender reden zu können, denn das ist eine sehr untergeordnete Gabe, Redefluß ist eine fragliche Begabung, besonders, wenn ihr Gedankenfülle und Tiefe des Empfindens fehlt. Einige Brüder beten nach dem Metermaß, aber wahres Beten wird nach dem Gewicht und nicht nach der Länge gemessen. Ein einziger Seufzer vor Gott kann mehr Gebetsfülle in sich haben als eine schöne Rede von großer Länge. Wer mit Gott in Christus Jesus wohnt, dessen Schritte erweitern sich in der Fürbitte. Er ist kühn, weil er vor dem Throne bleibt. Er sieht das goldene Zepter ausgestreckt und hört den König sagen: »Bitte, was du willst, und es soll dir widerfahren.« Wer in bewußter Verbindung mit seinem Herrn bleibt, hat Freiheit, sich im Gebet Gott zu nahen. Versucht aber nicht, durch Aufregung oder Vermessenheit diese heilige Freiheit zu erlangen. Es gibt nur einen Weg, sie zu erhalten, und hier ist er: »Wenn ihr in mir bleibet, so werdet ihr bitten, was ihr wollt.« Durch dieses Mittel allein seid ihr imstande, »den Mund weit aufzutun, damit Gott ihn fülle«. So werdet ihr Gotteskämpfer und habt als Fürsten Macht vor Gott.

Dies ist noch nicht alles. Der Begnadigte hat *das Vorrecht des erhörlichen, erfolgreichen Gebets.* »Ihr werdet bitten, was ihr wollt, und es wird euch widerfahren.« Ihr könnt es nicht machen, aber es wird euch widerfahren. Ihr habt das Verlangen, Frucht zu tragen; bittet, und es wird euch widerfahren. Achtet auf die Weinrebe. Sie bleibt einfach am Weinstock und durch das Bleiben am Weinstock kommt die Frucht.

Bruder in Christus, der Zweck deines Daseins, deine einzige Bestimmung ist, Frucht zu bringen zur Ehre des Vaters, und zu diesem Zwecke mußt du in Christus bleiben wie die Rebe am Weinstock. Dies ist die Weise, auf welche dein Gebet um Fruchtbarkeit erfolgreich sein wird; »es wird dir widerfahren«. Hier heißt es: »Ihr werdet bitten, was ihr wollt, und es wird euch widerfahren.« Du wirst im Gebet wunderbaren Einfluß auf Gott haben, so daß er antworten wird, ehe du rufst, und hören, während du noch redest. »Was die Gerechten begehren, wird ihnen gegeben.« Dasselbe sagt ein anderer Spruch: »Habe deine Lust an dem Herrn, der wird dir geben, was dein Herz wünscht.« Unser Text hat eine große Ausdehnung: »Ihr werdet bitten, was ihr wollt, und es wird euch widerfahren.« Der Herr gibt dem, der in ihm bleibt, eine unterschriebene Anweisung in die Hand und erlaubt ihm, sie auszufüllen.

Meint aber auch der Text, was er sagt? Ich habe nie gehört, daß der Heiland etwas gesagt, was er nicht auch gemeint hätte. Ich bin überzeugt, daß er manchmal mehr meint, als wir verstehen können, aber nie meint er weniger. Merkt euch, er sagt nicht zu allen Menschen: »Was ihr bitten werdet, soll euch widerfahren.« Das würde eine verkehrte Güte sein. Er redet aber zu seinen Jüngern. Es sind bestimmte Menschen, Menschen, die schon große Gnade von ihm empfangen haben, denen er diese wunderbare Gebetsmacht verleiht.

Meine lieben Freunde, wenn ich etwas ganz besonders begehre, so ist es dies, daß ich vom Herrn erbitten und empfangen darf, was ich will. Der siegreiche Beter ist der Mann, der mit Erfolg predigt, denn wenn er schon Gott für die Menschen gewonnen hat, kann er wohl die Menschen für Gott gewinnen.

Dies ist der Mann, der den Schwierigkeiten im Geschäft

trotzen kann, denn was kann ihm verderben, wenn er alles im Gebet vor Gott bringen darf? Ein solcher Mann oder eine solche Frau in einer Gemeinde ist mehr wert als zehntausend gewöhnliche Menschen. In diesen finden wir den himmlischen Adel. Diese sind es, in denen der Zweck Gottes an dem Menschen erfüllt ist, den er zum Herrn über seiner Hände Werk gemacht hat. An ihrer Stirn ist der Stempel der Herrschaft; sie gestalten die Geschichte der Nationen, sie leiten durch ihre Gebetsmacht den Lauf der Ereignisse.

Wir sehen, daß Jesus alles unter seine Füße getan ist. Je mehr wir seinem Bilde ähnlich werden, desto mehr werden auch wir mit Herrschaft bekleidet und Gott zu Königen und Priestern gemacht. Denke an Elia mit dem Schlüssel des Regens in seinem Gürtel: er schließt und öffnet die Fenster des Himmels! Es gibt noch solche Menschen. Trachtet danach, solche Männer und Frauen zu werden, ich bitte euch, damit an euch der Text erfüllt werde: »Ihr werdet bitten, was ihr wollt, und es wird euch widerfahren.«

Der Text scheint in sich zu schließen, daß die erlangte Gabe eine anhaltende ist. »Ihr werdet bitten«, ihr werdet immer bitten, ihr werdet das Bitten nie aufgeben, aber ihr werdet erfolgreich bitten, denn »ihr werdet bitten, was ihr wollt, und es wird euch widerfahren«. Hier haben wir *die Gabe des anhaltenden Gebets*. Nicht nur während der Gebetswoche, nicht nur während einer Konferenz oder bei einigen besonderen Gelegenheiten werdet ihr erhörlich beten, sondern ihr werdet diese Macht bei Gott so lange besitzen, wie ihr in Christus bleibt und seine Worte in euch bleiben. Gott wird euch seine Allmacht zur Verfügung stellen. Er wird seine Gottheit entfalten, um das Begehren, das sein eigener Geist in euch geweckt hat, zu erfüllen. Ich möchte, daß ich diesen Juwel vor den Augen aller Gläubigen glänzen lassen könnte, bis sie ausriefen: »Oh, daß wir ihn hätten!« Diese Gebetsmacht ist wie das Schwert Goliaths. Jeder David möchte wohl sagen: »Es ist nicht seinesgleichen. Gib es mir.« Die Waffe des erhörlichen Gebets schlägt den Feind und bereichert zu gleicher Zeit den Besitzer mit allem Reichtum Gottes. Wie kann dem etwas fehlen, dem der Herr gesagt hat:

»Bitte, was du willst, und es wird dir widerfahren?« Oh, kommt und laßt uns diese Gabe suchen. Hört und lernt den Weg. Folgt mir, während ich im Lichte des Textes euch den Pfad bezeichne. Möge uns der Herr auf ihm leiten durch seinen Heiligen Geist!

2. Wie ist dieser besondere Segen des Gebetsgeistes zu erlangen?

Die Antwort lautet: »Wenn ihr in mir bleibet, und meine Worte in euch bleiben.« Das sind die beiden Füße, mit welchen wir zu Macht bei Gott im Gebet emporsteigen.

Das erste Wort sagt uns, daß wir *in Christus, unserem Herrn, bleiben* müssen. Es wird vorausgesetzt, daß wir schon in ihm sind. Darf das bei dir vorausgesetzt werden? Ist das der Fall, dann bleibe, wo du bist. Als Gläubige müssen wir Jesus fest anhangen und lebendig mit ihm verbunden bleiben. Wir müssen in ihm bleiben, indem wir ihm, nur ihm, vertrauen mit demselben einfältigen Glauben, durch den wir zuerst mit ihm verbunden worden sind. Wir müssen nie eine andere Sache oder Person als Hoffnung unserer Seeligkeit in unser Herz einlassen, sondern allein in Jesus ruhen, wie wir ihn zuerst angenommen haben. Seine Gottheit, seine Menschheit, sein Leben, sein Tod, seine Auferstehung, seine Herrlichkeit zur Rechten des Vaters; mit einem Worte, er selbst muß unseres Herzens einzige Zuversicht sein. Dies ist durchaus wesentlich. Ein zeitweiliger Glaube errettet nicht; ein bleibender Glaube tut not.

Aber das Bleiben in Jesus bezeichnet nicht nur das Vertrauen auf ihn, es schließt auch unsre Hingabe an ihn ein, um sein Leben zu erhalten und es erfolgreich in uns wirken zu lassen. Wir leben in ihm, durch ihn, für ihn, leben ihm, wenn wir in ihm bleiben. Wir fühlen, daß unser ganzes bisheriges Leben vergangen ist, denn »ihr seid gestorben, und euer Leben ist verborgen mit Christus in Gott«. Wir sind nichts, wenn wir von Jesus fortgehen; wir würden dann verdorrte Reben sein und nur fürs Feuer taugen. Wir haben keinen anderen Grund unsers Daseins, als den, den wir in Christus finden, und welch ein wunderbarer Grund ist dies! Der Weinstock bedarf der Rebe ebenso sehr wie die Rebe des Weinstocks. Kein Weinstock hat je anderswo Frucht gebracht als an den Reben. Natürlich trägt er alle Reben und daher auch alle Frucht, aber doch entfaltet der Weinstock seine Fruchtbarkeit nur durch die Reben.

So sind zur Erfüllung der Ziele ihres Herrn beständige Gläubige erforderlich. Wunderbarer Gedanke! Der Heiland bedarf seiner Gläubigen! Die Gemeinde ist sein Leib, »die Fülle dessen, der alles in allem erfüllt« (Epheser 1,23). Wir sind verantwortlich dafür, auf das Fruchtbringen zu achten, damit der Herr Jesus in uns verherrlicht werde. Bleibet in ihm. Unterlaßt nie, euch ihm zu seiner Ehre und zu seinem Ruhm hinzugeben! Laßt euch nie träumen, euer eigener Herr zu sein. Seid nicht der Menschen Knechte, sondern bleibt in Jesus. Laßt ihn sowohl das Ziel wie die Quelle eures Daseins sein. Wenn ihr in immerwährender Gemeinschaft mit eurem Herrn bleibt, werdet ihr bald eine Freude genießen, ein Entzücken, eine Gebetskraft erfahren, wie ihr sie nie vorher gekannt habt! »Bleibet in mir«, sagt Jesus. Du sollst nicht kommen und gehen, sondern bleiben. Laß das beglückende Versenken in sein Leben, das Hingeben deiner ganzen Kraft für Jesus und der feste Glaube deiner Vereinigung mit ihm immer mehr in dir bleiben. Oh, daß wir durch den Heiligen Geist dahin gelangten!

Als ob er uns zum Verständnis dazu helfen wollte, hat uns unser gnädiger Herr ein herrliches Gleichnis gegeben, das Gleichnis von dem Weinstock und seinen Reben. Jesus sagt: »Eine jegliche Rebe, die da Frucht bringt, wird er reinigen.« Sorge dafür, daß du in Christus bleibst, wenn du gereinigt worden bist.

»Ach«, sagt jemand, »ich dachte, ich sei ein Christ, aber ich habe mehr Kummer als vorher; die Menschen verlachen mich, der Teufel versucht mich, und in meinem Geschäfte geht es schlecht.«

Bruder, wenn du Gebetskraft haben willst, mußt du Sorge tragen, daß du, wenn das scharfe Messer alles fortschneidet, in Christus bleibst. Ertrage die Prüfungen und laß es dir nicht in den Sinn kommen, deshalb deinen Glauben aufzugeben. Sage: »Selbst wenn er mich schlägt, will ich ihm doch vertrauen.« Der Herr hat dich darauf aufmerksam gemacht, als du zuerst zum Weinstock kamst, daß du gereinigt und kurz beschnitten werden würdest, und wenn du jetzt den Reinigungsprozeß spürst, mußt du nicht denken, daß dir etwas Seltsames widerführe. Empöre dich nicht wegen irgend etwas, was du von der liebenden Hand deines himmlischen Vaters, des Weingärtners, zu leiden hast. Nein, halte dich nur um so fester zu Jesus. Sage: »Schneide, Herr, schneide nur tief, dennoch bleibe ich stets an dir. Wohin sollte ich gehen? Du hast Worte des ewigen Lebens.« Ja, klammere dich an Jesus, wenn das Reinigungsmesser in seiner Hand ist. Dann »wirst du bitten, was du willst, und es wird dir widerfahren«.

Sorge dafür, bei dem Herrn zu bleiben, wenn das Werk der Reinigung geschehen ist. Beachte den dritten Vers in demselben Kapitel 15 des Johannesevangeliums: »Ihr seid jetzt rein um des Wortes willen, das ich zu euch geredet habe. Bleibet in mir und ich in euch.« Bleibe nach der Reinigung, wo du vor der Reinigung gewesen bist. Wenn du geheiligt bist, so bleibe, wo du warst, als du zuerst gerechtfertigt wurdest. Wenn das Werk des Geistes in dir zunimmt, so laß dich nicht vom Teufel zum Stolz verführen, als seiest du jetzt etwas und habest nicht mehr nötig, als armer Sünder zu Jesus zu kommen und allein auf sein köstliches Blut zur Errettung zu vertrauen. Bleibe noch in Jesu. Wie du bei ihm geblieben bist, als das Messer dich reinigte, so bleibe bei ihm, wenn die zarten Trauben anfangen sich zu entwickeln. Sage nicht: »Welch eine fruchtbare Rebe bin ich! Wie ziere ich den Weinstock! Jetzt bin ich voller Kraft!« Du bist nichts und niemand. Nur, wenn du in Christus bleibst, bist du etwas Besseres als das Holz, welches ins Feuer geworfen wird. »Aber machen wir denn keine Fortschritte?« Ja, wir wachsen, aber wir bleiben in Jesus. Unsre ganze Hoffnung liegt in Jesus, in unsern besten Zeiten wie in den schlimmsten. Jesus sagt: »Ihr seid jetzt rein um des Wortes willen, das ich zu euch geredet habe. Bleibet in mir und ich in euch.«

Bleibe in ihm um deines Fruchttragens willen. »Gleichwie

die Rebe kann keine Frucht bringen, sie bleibe denn am Weinstock, also auch ihr nicht, ihr bleibet denn in mir.« »Hier habe also ich etwas zu tun«, sagt jemand. Gewiß, aber nicht getrennt von Jesus. Die Rebe hat Frucht zu tragen; wenn sie sich aber einbildet, durch sich selbst eine Traube oder auch nur eine einzige Beere tragen zu können, so ist sie sehr im Irrtum. Die Frucht des Zweiges muß von dem Stamme kommen. Dein Werk für Christus muß das Werk Christi in dir sein, sonst taugt es nicht. Ich bitte euch, beachtet dies. Dein Unterrichten in der Sonntagsschule, dein Predigen oder was du tust, muß in Christus Jesus getan werden. Weder durch sein natürliches Talent noch durch eigene Erfindung kannst du Seelen gewinnen, Menschen erretten. Hüte dich vor eigenen Plänen. Tu für Jesus, was Jesus dir befiehlt. Bedenke, daß das Werk für Christus, wie wir es nennen, zuerst Christi Werk sein muß, wenn es von ihm angenommen werden soll. Bleibe in ihm des Fruchttragens wegen.

Ja, bleibe in ihm um deines Lebens willen. Sage nicht: »Ich bin nun zwanzig oder dreißig Jahre lang ein Christ, ich kann nun ohne beständige Abhängigkeit von Jesus fertig werden.« Nein, du könntest nicht ohne ihn fertig werden, auch wenn du Methusalems Alter erreicht hättest. Dein Dasein als Christ hängt davon ab, daß du bei ihm bleibst, ihm vertraust und dich auf ihn verläßst, und das muß er dir geben, denn alles kommt von ihm und nur von ihm. Das heißt: Wenn du die herrliche Gebetsmacht, wovon ich geredet habe, begehrst, mußt du in liebender, lebendiger, bewußter, praktischer, bleibender Verbindung mit dem Herrn Jesus Christus bleiben, und wenn du durch die göttliche Gnade zu ihr gelangst, dann magst du bitten, was du willst, und es wird dir widerfahren.

Aber noch eine zweite Bedingung wird in unserm Text erwähnt, die ihr nicht vergessen dürft: »*Und meine Worte in euch bleiben.*« Wie wichtig sind also Christi Worte! Er sagt im vierten Vers: »Bleibet in mir und ich in euch« und setzt als Parallele hinzu: »So ihr in mir bleibet, und meine Worte in euch bleiben.« Wie? Sind denn Christi Worte und er selbst ein und dasselbe? Ja, praktisch ist es so. Manche sprechen von Christus als dem Herrn, aber um seine in seinem Worte ausgesprochenen Lehren kümmern sie sich nicht. So lange ihr Herz richtig gegen seine Person steht, beanspruchen sie Denkfreiheit. Ach, dies ist ein leerer Vorwand! Wir können Christus nicht von seinem Worte trennen, denn erstens ist er das Wort, und zweitens, wie dürfen wir es wagen, ihn Meister und Herr zu nennen, ohne zu tun, was er sagt, indem wir die Wahrheit, die er lehrt, verwerfen? Wer seinem Wort nicht gehorcht, den wird er nicht als Jünger annehmen. Besonders zu beachten ist das Gebot der Liebe, welches der Kern aller seiner Worte ist. Wir müssen Gott und unsre Brüder lieben, ja, wir müssen allen Menschen Liebe erweisen und ihr Bestes suchen. Zorn und Bosheit müssen fern von uns sein. Wir müssen leben, wie er gelebt hat. Wenn Christi Worte nicht in dir bleiben, sowohl im Glauben wie im Tun, so bist du nicht in Christus. Christus und sein Evangelium und seine Befehle sind eins. Wenn du Christus und sein Wort nicht haben willst, will er auch dich und deine Worte nicht; du wirst vergeblich bitten, wirst nach und nach das Beten aufgeben und eine verdorrte Rebe werden.

Oh, welche Gnade, durch diese Flügeltüren, diese beiden goldenen Tore zu gehen! »Wenn ihr in mir bleibet, und meine Worte in euch bleiben.« Gehe hindurch und tritt in diesen großen Raum: »Ihr werdet bitten, was ihr wollt, und es wird euch widerfahren.«

3. Worauf beruht dieser Segen?

Woher kommt es, daß wir durch das Bleiben in Christus und das Bleiben seiner Worte in uns zu jener Freiheit und jenem Sieg im Gebet kommen?

Antwort: zuerst *wegen der Fülle Christi*. Du magst wohl bitten, was du willst, wenn du nur in Christus bleibst, denn alles, was du bittest, ist schon in ihm vorhanden.

Bischof Hall hat diesen Gedanken sehr schön behandelt. Wünschest du die Gnade des Geistes? fragt er. Geh zu deines

Herrn Salbung. Suchst du Heiligkeit? Folge seinem Beispiel. Suchst du Vergebung der Sünden? Schaue auf sein Blut. Willst du den Tod deiner Sünden? Blicke auf seinen Kreuzestod. Willst du der Welt begraben werden? Gehe an sein Grab. Möchtest du die Fülle des himmlischen Lebens fühlen? Sieh auf seine Auferstehung. Möchtest du dich über die Welt erheben? Schaue auf seine Himmelfahrt. Möchtest du dich in die himmlischen Dinge versenken? Denke an sein Sitzen zur rechten Hand des Vaters und wisse, »daß er uns samt ihm auferweckt und samt ihm in das himmlische Wesen versetzt hat in Christus Jesus«.

Ich sehe klar und deutlich, weshalb die Rebe, wenn sie am Weinstock bleibt, alles erhält, was sie braucht, da alles, was sie braucht, der Reben wegen im Weinstock da ist. Was braucht die Rebe mehr, als was der Weinstock ihr geben kann? Bedürfte sie mehr, sie könnte es nicht erhalten, denn sie hat kein andres Mittel zum Leben, als was sie aus dem Weinstock saugt. – Oh, mein teurer Herr, wenn ich irgend etwas wünsche, was nicht in dir zu finden ist, möchte ich es lieber nicht haben! Ich möchte, daß mir alles abgeschlagen würde, was von dir abführt. Wenn aber die Erfüllung dessen, was ich begehre, schon für mich in dir ist, warum sollte ich denn anderswohin gehen? Du bist mein alles, zu wem sonst sollte ich mich denn wenden?

– Es ist des Vaters Wohlgefallen gewesen, daß in ihm alle Fülle wohnen sollte, und das Wohlgefallen des Vaters ist auch das unsre. Wir freuen uns, alles von Jesus nehmen zu dürfen, und sind gewiß, daß wir erhalten werden, was wir bitten, denn er hat alles für uns bereit.

Der nächste Grund dafür ist der *Reichtum des Wortes Gottes*. Faßt den Gedanken: »Wenn meine Worte in euch bleiben, werdet ihr bitten, was ihr wollt, und es wird euch widerfahren.« Der beste Beter ist der, der am vertrautesten mit den Verheißungen Gottes ist. Beten ist eigentlich nur, Gott seine Verheißungen vorzuhalten und zu sagen: »Tu, wie du gesagt hast.« Das Gebet ist die angewandte Verheißung. Ein Gebet, welches nicht auf eine Verheißung gegründet ist, hat keinen wahren Grund. Wenn ich ohne eine Anweisung zur Bank gehe, kann ich kein Geld erwarten; innerhalb der Bank gibt der Wechsel mir Recht und Vollmacht zum Empfang des Geldes. Ihr, die ihr Christi Worte bleibend in euch habt, seid mit dem ausgerüstet, was der Herr mit Aufmerksamkeit ansieht. Bleibt das Wort Gottes in dir, so bist du einer, der beten kann, weil du dem großen Gott seine eignen Worte vorhältst und so die Allmacht mit Allmacht überwindest. Du legst den Finger auf das Wort und sagst: »Tu, wie du gesagt hast.« Das ist das beste Beten in der ganzen Welt. Seid des Wortes Gottes voll! Studiert, was Jesus gesagt hat, was der Heilige Geist in diesem von Gott eingegebenen Buche niedergelegt hat, und in dem Verhältnis, wie ihr euch mit dem Worte Gottes nährt, mit dem Worte erfüllt seid, das Wort im Glauben festhaltet und ihm im Leben folgt, werdet ihr Meister in der Gebetskunst sein. Sei wohlunterrichtet in den Gnadenlehren und laß das Wort Christi reichlich in dir wohnen, damit du am Gnadenthron erhörlich beten kannst. Das Bleiben in Christus und das Bleiben seiner Worte in euch sind wie die beiden Hände des Mose, welche er im Gebet erhob, so daß Amalek geschlagen, Israel befreit und Gott verherrlicht wurde.

Ihr fragt vielleicht noch, weshalb einer, der in Christus bleibt und in dem Christi Worte bleiben, die Freiheit haben sollte, zu bitten, was er will, und es ihm widerfahren soll. Ich sage, hinwiederum, das ist der Fall, weil in einem solchen Menschen die Gnade vorherrscht, die ihm einen neuen Willen gibt, einen Willen, der mit dem Willen Gottes übereinstimmt. Angenommen, ein solcher Gottesmensch ist im Gebet und denkt, dies und jenes sei wünschenswert, so erinnert er sich dessen, daß er in Gegenwart seines allweisen Vaters nur ein schwaches Kind ist; er beugt deshalb seinen Willen und bittet Gott um die Gunst, ihn in seinem Willen zu unterweisen. Mag Gott ihm auch gestatten, zu bitten, was er will, er fleht und bittet dennoch: »Mein Herr, hier ist eine Bitte, worüber ich nicht klar bin. Soweit ich urteilen kann, ist es eine wünschenswerte Sache, und ich will es; aber, Herr, ich bin nicht imstande, selbst zu urteilen, und darum bitte ich, gib nicht, wie ich will, sondern wie du willst.« Seht ihr nicht, daß in solcher Gemütsverfassung unser wahrer Wille Gottes Wille ist? Kann also Gott nicht mit Bestimmtheit zu einem solchen geheiligten Menschen sagen: »Bitte, was du willst, und es wird dir widerfahren?«

Die Gnade wirft alle habsüchtigen Gelüste, alle unreinen Wünsche nieder, und sein Wille ist tatsächlich der Schatten des göttlichen Willens. Das geistliche Leben hat die Herrschaft in ihm, deshalb sind seine Hoffnungen und Erwartungen heilig, himmlisch, gottähnlich. Er ist der göttlichen Natur teilhaftig geworden; und wie ein Sohn seinem Vater gleicht, so ist er jetzt in seinem Wünschen und Wollen eins mit Gott. Wie das Echo die Stimme zurückgibt, so ist das erneuerte Herz das Echo des Willens des Herrns. Unsre Wünsche sind der Widerschein des göttlichen Willens. »Ihr werdet bitten, was ihr wollt, und es wird euch widerfahren.«

Ihr seht wohl ein, daß der heilige Gott nicht irgendeinen Menschen ohne weiteres von der Straße aufnehmen und zu ihm sagen könnte: »Ich will dir geben, um was du bittest.« Um was würde ein solcher bitten? Vielleicht um einen guten Trunk oder um die Befriedigung einer bösen Lust. Den meisten Menschen gegenüber würde eine solche Erlaubnis sehr unweise sein. Wenn aber der Herr einen Menschen erneuert und in das Bild seines lieben Sohnes verklärt hat, kann er ihm trauen. Seht, der große Vater behandelt uns, wie er seinen eingeborenen Sohn behandelt. Jesus konnte sagen: »Ich weiß, daß du mich allezeit hörst«, und der Herr erzieht uns zu derselben Versicherung. Wir können mit einem der Alten sagen: »Der Herr hört mein Flehen.«

Wird euch nicht der Mund wässerig nach dem Vorrecht des erfolgreichen Gebets? Verlangt euer Herz nicht danach? Ihr werdet zu diesem Vorrecht gelangen durch Heiligkeit, durch Vereinigung mit Christus, durch das feste Bleiben in ihm und durch das gehorsame Festhalten an seiner Wahrheit. Seht den einzigen, sicheren und wahren Weg! Wer wirklich einmal diesen Weg betreten hat, dem ist er ein sicherer und erfolgreicher Weg zur Erlangung wirklicher Gebetsmacht.

Noch eins: Die wahre Beredsamkeit im Gebet ist ein gläubiges Bitten. »Alle Dinge sind möglich dem, der da glaubt.« Ein Mensch, der in Christus bleibt, und in dem Christi Worte bleiben, ist ausgezeichnet im Glauben und demzufolge außerordentlich erfolgreich im Gebet. Er hat wirklich einen starken Glauben, denn sein Glaube hat ihn in lebendige Verbindung mit Christus gebracht; er ist deshalb an der Segensquelle und kann nach Herzenslust aus dieser Quelle trinken.

Ein solcher wird auch das Innewohnen des Heiligen Geistes besitzen. Wenn wir in Christus bleiben und seine Worte in uns, kommt der Heilige Geist und macht Wohnung in uns. Welche bessere Hilfe können wir im Gebet haben? Ist es nicht eine wunderbare Sache, daß dem Willen Gottes gemäß der Heilige Geist selbst der Vertreter der Gläubigen ist? »Er vertritt uns aufs beste mit unaussprechlichem Seufzen.« Welcher Mensch weiß, was im Menschen ist, ohne den Geist des Menschen, der in ihm ist? Also weiß auch niemand, was in Gott ist, ohne den Geist Gottes. Und er wirkt in uns, das zu wollen, was Gott will, so daß das Gebet des Gläubigen der Widerschein des Willens Gottes in der Seele wie in einem Spiegel ist.

Die ewigen Ratschlüsse Gottes werfen in Form des Gebets ihren Schatten über die Herzen der Gottseligen. Was Gott zu tun beabsichtigt, tut er seinen Dienern kund, indem er sie geneigt macht, das zu erbitten, was er zu tun beabsichtigt. Gott sagt: »Ich tue das und das«, aber dann fügt er hinzu: »Danach will ich vom Hause Israel gefragt werden.« Wie klar ist es nach allem, daß wir, wenn wir in Christus bleiben und seine Worte in uns bleiben, bitten können, was wir wollen! Es wäre unmöglich, daß Gott, der Heilige Geist, und Gott, der Vater, verschiedene Zwecke verfolgten. Um was der eine uns zu bitten bewegt, das hat der andre gewiß beschlossen, uns zu geben.

Ich habe damit einen Punkt berührt, auf den ich noch einmal zurückkommen muß. Wißt ihr nicht, daß, wenn wir in Christus bleiben und seine Worte in uns bleiben, dann der Vater mit demselben Auge auf uns blickt, mit welchem er auf seinen lieben Sohn schaut? Christus ist der Weinstock, und der Weinstock schließt auch die Reben ein. Die Reben sind ein Teil des Weinstocks. Gott blickt daher auf uns als ein Teil Christi, als

Glieder seines Leibes, seines Fleisches und seines Blutes. Die Liebe des Vaters zu Jesus ist so groß, daß er ihm nichts abschlägt. Christus war gehorsam bis zum Tode, ja, zum Tode am Kreuze, daher liebt ihn der Vater als den Gottmenschen, den Mittler, und gewährt ihm alle seine Bitten. Und wenn wir in wahrer Vereinigung mit Christus bleiben, sieht Gott, der Herr, uns in derselben Weise an, wie er Jesus ansieht, und sagt zu uns: »Ich werde euch nichts abschlagen. Ihr werdet bitten, was ihr wollt, und es wird euch widerfahren.« So verstehe ich den Text.

Der Herr Jesus spricht: »Gleichwie mich mein Vater liebt, so liebe ich auch euch.« Dieselbe Liebe, die Gott gegen seinen Sohn hat, hat der Sohn gegen uns, und daher bleiben wir in der Liebe des Vaters und des Sohnes. Wie könnte denn unser Gebet verworfen werden?! Wird nicht unendliche Liebe auf unsre Gebete merken? Lieber Bruder in Christus, wenn deine Gebete nicht zum Thron emporsteigen, so werden sie sicherlich durch irgendeine Sünde zurückgehalten, und die Liebe des Vaters hält es für nötig, dich auf diese Weise zu züchtigen. Wenn du nicht in Christus bleibst, wie kannst du erwarten, erfolgreich zu beten? Wenn du seine Worte sortierst, darunter wählst und dieses und jenes bezweifelst – wie kannst du dann hoffen, vor dem Gnadenthron Erhörung zu finden?! Wenn du absichtlich irgendeinem seiner Worte ungehorsam bist, wird nicht dadurch dein erfolgloses Beten erklärt? Aber wenn du in Christus bleibst und seine Worte festhältst und ganz sein Jünger bist, dann wird er dich hören. Wenn du zu Jesu Füßen sitzest und seine Worte hörst, kannst du das Auge zu seinem lieben Angesicht erheben und sagen: »Mein Herr, höre mich jetzt«, und er wird dir gnädig antworten. Er wird sagen: »Ich habe dich in der angenehmen Zeit erhört und habe dir am Tage des Heils geholfen. Bitte, was du willst, und es wird dir widerfahren.«

Freunde, hört diese Predigt nicht, um hinzugehen und sie zu vergessen. Sucht den Ort des grenzenlosen Einflusses zu erreichen. Welch eine Gemeinde würden wir sein, wenn wir alle mächtig im Gebet wären! Liebe Kinder Gottes, möchtet ihr halb verhungern? Liebe Brüder, möchtet ihr arme, kleine, schwächliche, törichte Kinder bleiben, die nie zu Männern werden? Ich bitte euch, erhebt euch und seid stark im Herrn, freut euch des euch gebotenen äußerst hohen Vorrechts! Welch ein Heer würdet ihr sein, wenn ihr alle diese göttliche Gebetsmacht hättet! Sie ist erreichbar, ihr Kinder Gottes! Nur: Bleibt in Christus und laßt seine Worte in euch bleiben, dann ist dieses besondere Vorrecht euer. Es legt keine lästigen Pflichten auf, sondern ist in sich selbst Freude. Strebe danach mit ganzem Herzen, und du wirst das hinzugefügt erhalten, daß du bitten kannst, was du willst, und es wird dir widerfahren.

Gnädiger Herr, hilf uns. Als arme Geschöpfe können wir nur zu deinen Füßen liegen. Komme selbst und hebe uns zu dir empor, um deiner Gnade willen! Amen.

VIII. Das Gebet als Fürbitte und die geistliche Erkenntnis als Wegweiser dazu

»Darum auch wir von dem Tage an, da wir's gehört haben, hören wir nicht auf, für euch zu beten und zu bitten, daß ihr erfüllt werdet mit Erkenntnis seines Willens in allerlei geistlicher Weisheit und Verstand, auf daß ihr des Herrn würdig wandelt zu allem Gefallen und Frucht bringt in jeglichem guten Werk und wachset in der Erkenntnis Gottes.« *Kolosser 1, 9 – 11*

Es wäre eine sehr vorteilhafte Übung für uns, wenn wir Gott recht oft danken würden für die Gaben und Gnaden, die wir in unseren Brüdern entdecken. Ich fürchte jedoch, daß wir mehr geneigt sind, ihre Fehler zu erforschen und zu beklagen, als das Werk des Heiligen Geistes in ihnen zu sehen und Gott von ganzem Herzen dafür zu danken. Paulus fühlte sich durch das, was er an den Christen in Kolossä sah, ermutigt, Gott zu bitten, daß er sie noch mehr bereichern wolle. Es sollte unser Wunsch sein, daß unsere besten Brüder noch besser werden und daß die, die Jesus am ähnlichsten sind, noch vollständiger in sein Bild gestaltet werden. Wir können unseren Freunden unsere Liebe nicht besser zeigen, als wenn wir zunächst die Gnade anerkennen, die in ihnen ist und sodann Gott bitten, daß er ihnen mehr geben möchte. Paulus wünschte seine Brüder gründlich zum heiligen Dienst ausgerüstet zu sehen, so daß sie selber den Willen des Herrn erkennten und auch fähig wären, andere zu lehren. Er wünschte, daß sie tröstende Erkenntnis, stärkende Erkenntnis, erbauliche Erkenntnis, heilige Erkenntnis, leitende Erkenntnis haben möchten, damit sie so zu allen Trübsalen, Pflichten und Arbeiten des Lebens bereit wären.

1. Das große Werk des fürbittenden Gebets

Sobald Paulus sein Herz in Liebe zu den Heiligen in Kolossä brennen fühlte, als er von dem Werk des Geistes unter ihnen gehört hatte, begann er auch dadurch seine Liebe zu zeigen, daß er sein Herz im Gebet für sie erhob. Er tat für sie, wovon er wußte, daß es ein Segen für sie sein werde.

Das fürbittende Gebet ist ein sehr *wichtiger Teil des Werks der Christen füreinander.* Wir sind nicht in die Welt gesandt, uns selbst zu leben, sondern wir sind Glieder eines Leibes. Und von jedem Glied wird erwartet, daß es zur Gesundheit und zum Wohlbefinden des Ganzen beitrage. Es ist wahr, wir können nicht alle predigen, aber wir können alle beten. Es kann sein, daß wir im Blick auf zeitliche Dinge nicht imstande sind, die Gemeinde zu bereichern, weil es uns an Gütern mangelt; wenn wir es aber unterlassen, die Gemeinde durch unsere Gebete zu segnen, so ist das ein Mangel an Gnade. Was ihr auch unterlassen mögt, vergeßt nicht, für alle Heiligen zu bitten, damit jede Art von Segen reichlich über sie komme.

Fürbittendes Gebet ist ein *unschätzbarer Beweis der Liebe* und bringt noch größere Liebe hervor. Wenn jemand aufrichtig für mich betet, wird er mir gewiß bereitwillig vergeben, wenn ich ihn beleidigt habe. Er wird mir beistehen, wenn ich in Not und in einer Arbeit mich befinde, die für mich zu schwer ist. Gebt uns eure ernsten Gebete und wir wissen, daß wir in euren Herzen leben. Darum bei eurer Liebe zu eurem Herrn und zu allen, die in ihm sind, bitte ich euch, mehr fürbittendes Gebet zu üben, wie der Apostel das tat.

Fürbittendes Gebet ist auch ein *untrügliches Mittel, die Segnungen zu erlangen,* die wir unseren Freunden wünschen. Unser Bitten ist nicht vergeblich. Es steht geschrieben: »Wer da bittet, der empfängt.« Es ist nicht vergeblich für andere zu flehen, denn der Herr freut sich, solche Bitten zu erhören. Wenn wir unseren Freunden irgendwelchen Segen wünschen, ist es am besten, darum zu bitten. Selbt wenn wir sie erfüllt sehen möchten, mit Erkenntnis allerlei geistlicher Weisheit, ist es am sichersten zu beten, daß es geschehe. Natürlich dürfen wir nicht vergessen, sie, soweit es in unserer Macht steht, zu unterweisen und sie zu unterstützen, denn jedes ehrliche Gebet setzt ja den Gebrauch aller geeigneten Mittel voraus. Aber die Unterweisung, die wir darbieten, wird nutzlos sein, wenn wir nicht zuvor den Segen Gottes darauf erflehen, so daß unsere Freunde willig werden zu lernen und die Wahrheit nicht als Menschenwort, sondern als Gottes Wort aufzunehmen. Nur geistliche Belehrung kann das geistliche Leben nähren. Der Heilige Geist muß dem Herzen göttliche Wahrheit mitteilen, sonst kann sie nie wirklich erkannt werden.

Unserem Text zufolge ist solche Fürbitte um so wertvoller, wenn wir sie unverzüglich vor Gott bringen. Der Apostel sagt: »Von dem Tage an, da wir's gehört haben, hören wir nicht auf für euch zu beten.« Er fing sogleich damit an. Wenn du bei einem Bruder einen Mangel entdeckst, so fange sofort an, für ihn zu beten, daß diesem Fehler abgeholfen werde. Ein solches Gebet sollte nicht hinausgeschoben werden. »Wer schnell gibt, gibt doppelt« ist ein menschliches Sprichwort. Aber ich glaube, daß, wenn wir unverzüglich beten, uns Gott bei der Erhörung des Gebetes schnell einen doppelten Segen gibt. Zögere keine Minute, aber eile dich, vor Gott zu treten. Jetzt ist die angenehme Zeit; der Herr wartet darauf, daß er dir gnädig sei. Gott hat dich mit einem nötigen Gebetsgegenstand bekannt gemacht, darum bitte heute darum.

Unsere Gebete werden um so wertvoller sein, wenn sie anhaltend geschehen. »Wir hören nicht auf, für euch zu beten«, sagt Paulus. »Aber das konnte Monate und Jahre erfordern; hörte er wirklich nicht auf zu beten?« Nun, er betete insofern allezeit, als er beständig die herzlichsten Wünsche hegte und der Wunsch ist tatsächlich der Kern des Gebets; die Wörter, die wir im Blick auf einzelne Namen verwenden, sind oft nur die Schale des Gebets. Wenn ihr nicht allezeit im Gebet sprechen könnt, könnt ihr doch bei den herzlichen Wünschen bleiben. Die Tat des Gebets ist gesegnet, die Gewohnheit des Gebets ist es noch mehr, aber der Geist des Gebets ist das Segensreichste von allem, und darin können wir Monate und Jahre verharren. Wir können uns kaum vorstellen, welchen Wert das fürbittende Gebet für die Gemeinde hat, das Tag und Nacht nicht aufhört, sondern ununterbrochen von der ganzen Schar der Gläubigen zum Herrn aufsteigt, wie das Rauchwerk vom Altar aufstieg.

Fürbittendes Gebet ist von besonderem Wert, wenn es nicht von einer Person allein, sondern in inniger Verbindung mit anderen Heiligen geübt wird. Paulus sagt: »Da wir's gehört haben, hören wir nicht auf.« Paulus betet mit seinem jungen Mitarbeiter Timotheus, der im Vergleich zu Paulus unbedeutend ist; doch das Gebet des Paulus' ist um so wirksamer, weil das Gebet des Timotheus' sich damit verschmilzt. Brüder und Schwestern, ich empfehle euch die Gewohnheit des gemeinsamen Gebets. »Ich allein« ist gewiß ein gutes Wort im Gebet, aber »auch wir« ist ein besseres. Laßt uns einander die Hände reichen und für unsere Brüder und für die ganze Gemeinde Gottes beten. So haben wir nun über den großen Wert der Fürbitte gesprochen. Üben wir diese himmlische Kunst. Sie ist ungememein wirksam. Sie dient dazu, die Gemeinde zu segnen. Betet für uns, betet für alle Heiligen, betet für alle Sünder, und indem ihr das tut, erweist ihr euch als die Wohltäter eurer Zeit.

2. Die Kostbarkeit der geistlichen Erkenntnis

Das ernste, unaufhörliche Gebet des Paulus gilt dem Zweck, »daß ihr erfüllt werdet mit Erkenntnis seines Willens in allerlei geistlicher Weisheit und Verstand«. Laßt uns von der Nützlichkeit und der Seligkeit dieser geistlichen Erkenntnis sprechen, um welche der Apostel und sein Freund unablässig den Herrn anflehten.

Was sind das für *Leute, für die diese Erkenntnis begehrt wird?* Es sind heilige und gläubige Brüder, von denen wir lesen, daß sie die Gnade Gottes in der Wahrheit erkannt hatten. Und daß das Wort der Wahrheit in ihnen »fruchtbar« geworden war. Für die, die den Herrn bereits kennen, dürfen wir nicht aufhören zu beten. Solange sie in diesem Leben sind, bedürfen sie unserer Gebete. Wir haben große Ermutigung zu beten, daß sie mit Erkenntnis erfüllt werden, da der Herr bereits Großes an ihnen getan hat. Betet deshalb für sie. Wir erflehen den geistlichen Toten Leben, den Lebenden Gesundheit und den Gesunden völlige Reife.

Welches Maß gilt für die wünschenswerte Erkenntnis? Wir wünschen, »daß sie erfüllt werden mit der Erkenntnis seines Willens«. »Erfüllt!« Das ist wahre Gelehrsamkeit, wenn Sinn und Herz und unser ganzes Wesen mit Erkenntnis gefüllt ist. Paulus wollte keinen Gläubigen im Blick auf irgendwelche Punkte in Unwissenheit lassen. Er wollte ihn mit Erkenntnis erfüllt wissen, denn wenn ein Maß voll Weizen ist, hat Spreu keinen Platz mehr darin. Gesunde Erkenntnis schließt den Irrtum aus. Die einer falschen Lehre nachgehen, sind gewöhnlich solche, die wenig vom Wort Gottes wissen. Paulus wünschte die Heiligen in Kolossä ganz mit der Erkenntnis des Willens Gottes erfüllt zu sehen. Brüder, wir sähen es gerne, wenn ihr alles erkenntet, was von Gottes Wahrheit erkannt werden kann. Keine Erkenntnis des geoffenbarten Willens Gottes kann euch nachteilig werden, wenn sie geheiligt ist. Fürchte dich nicht vor dem, was man »hohe Lehren« oder »die Tiefen Gottes« nennt. Man sagt uns, daß diese Dinge Geheimnisse sind und daß man nicht in sie eindringen dürfe. Doch die im Wort geoffenbarten Wahrheiten sind keine Geheimnisse mehr, da sie uns durch Gottes Geist offenbart sind. Und soweit sie geoffenbart sind, sollte es unser Verlangen sein, sie zu verstehen.

Laßt uns versuchen, die göttliche Wahrheit mehr und mehr innerlich zu erkennen. Wenn ihr eine geistliche Wahrheit lernt, so seid bestrebt, sie durch und durch zu kennen. Ihren Grund und Aufbau zu erkennen, sie durch den Geist euch anzueignen, so daß ihr damit erfüllt werdet. Es geht nicht um Erkenntnis im Kopf, sondern um eine Erkenntnis des Geistes, so daß euer Geist davon durchdrungen und durchsättigt wird, bis ihr davon voll werdet. Herr, erfülle deine armen Kinder mit der Erkenntnis deines Willens!

Welches ist der Inhalt dieser Erkenntnis: »Erfüllt mit der Erkenntnis seines Willens.« Was ist das? Es meint den geoffenbarten Willen Gottes. Paulus wollte, daß die Kolosser wußten, was der Herr geoffenbart hat, soweit ein menschlicher Geist es erfassen kann, ob es Lehre, Vorschrift, Erfahrung oder Prophezeiung ist. Wie gut ist es, den Willen Gottes zu erkennen! Unser Gebet sollte täglich sein »Herr, was willst du, das ich tun soll?« Herr, lehre mich, was Sünde und was Gerechtigkeit ist, damit ich die Dinge erkennen kann, um die es geht. Unser Wunsch ist, mit der Erkenntnis des Willens des Herrn so erfüllt zu sein, daß wir ihn unbeirrt tun können. Wir lesen in 1. Thessalonicher 4,3: »Das ist der Wille Gottes, eure Heiligung.« Da heißt es, mit der Erkenntnis des Willens Gottes erfüllt zu sein, bis ihr wißt, was Heiligung bedeutet und wie ihr sie in eurem täglichen Leben darstellt! Es ist eure Aufgabe, die Menschen darüber zu belehren, was Gott unter Heiligkeit versteht. Eure Mission ist nicht erfüllt und der Wille Gottes nicht geschehen, wenn ihr nicht geheiligt seid. Das ist es, womit wir erfüllt werden sollten.

Aber auch die Art dieser Erkenntnis gilt es zu beachten: »In allerlei geistlicher Weisheit und Verstand.« Weisheit ist besser als Erkenntnis, denn Weisheit ist angewandte Erkenntnis. Wir brauchen solche Christen, die nicht nur wissen, sondern die auch anwenden, was sie wissen. Wohl dem, der zur rechten Zeit weiß, was er zu tun hat. Viele wissen es eine halbe Stunde zu spät. Die Weisheit setzt euch in den Stand, eure Erkenntnis im Leben praktisch zu verwerten. Das Wertvolle von dem Nichtigen zu unterscheiden. Mit euren Mitchristen in den verschiedenen Lagern richtig umzugehen und ebenso mit denen, die draußen sind. Es braucht Weisheit, um alles so ordnen zu können, daß ihr nicht die Schwachen ärgert oder dem Namen Christi Unehre bereitet, denn bloße Erkenntnis genügt dazu nicht. Erkenntnis ist das Blatt, Weisheit ist das volle Korn der Ähre. Erkenntnis ist der Stoff, aber Weisheit ist das Gewand. Möchte all eure Erkenntnis durch die Gnade geheiligt und von der Leitung des Heiligen Geistes begleitet sein, damit wir weise werden und wissen, welches der Wille des Herrn ist.

»Allerlei Weisheit«, sagt der Apostel, Weisheit aller Art, Weisheit, die euch in zeitlichen Dingen nützt, Weisheit, die der Gemeinde Gottes zugute kommt, und Weisheit, die euch leitet, wenn ihr euch unter den Törichtsten der Menschen befindet. Möchtet ihr »erfüllt werden mit Erkenntnis in allerlei Weisheit«!

Aber diese Weisheit, die nach außen hin wirksam ist, muß

von einem geistlichen Verstand begleitet sein, der innerlich kräftig ist. Ich weiß kaum, wie ich dies erklären soll. Es ist eine innere Erkenntnis der Wahrheit, die Erkenntnis der inneren Teile der Dinge. Es ist ein geistliches Erkennen, Schmecken, Erfahren und Aufnehmen der Wahrheit. Wir kennen viele Menschen, die viel wissen, aber nichts verstehen. Sie nehmen stillschweigend an, was sie gelehrt werden, aber sie haben es nie überlegt, erwogen, zu schätzen gelernt, den Kern herausgefunden oder das Herz davon gesehen. Daß wir in den Gemeinden doch Männer und Frauen voll geistlichen Verstandes hätten! Solche Menschen können sagen, daß sie das Wort des Lebens geschmeckt und betastet, daß sie die Wahrheit, wie sie in Jesus ist, geprüft und erporbt haben. »Das Geheimnis des Herrn ist bei denen, die ihn fürchten und seinen Bund läßt er sie wissen. Wohl denen, die von dem Herrn gelehrt sind, daß sie das Geheimnis seiner Gnade lesen können!«

Hier haben wir viel zu bitten.

3. Frucht als praktisches Ergebnis der geistlichen Erkenntnis

Paulus betet für seine Freunde: »Daß ihr erfüllt werdet mit Erkenntnis seines Willens in allerlei geistlicher Weisheit und Verstand, auf daß ihr des Herrn würdig wandelt zu allem Gefallen.« Seht den Zweck seines Gebets: ». . . *daß ihr wandelt«*, nicht daß ihr reden oder stillsitzen und betrachten und euch recht glücklich fühlen könnt, sondern »daß ihr wandelt«. Er hat es auf praktische Resultate abgesehen. Er wünscht, daß die Heiligen so unterwiesen werden, daß sie nach dem besten Muster wandeln können. Unter dem »des Herrn würdig« verstehen wir nicht, daß Paulus erwartet, solche Würdigkeit in ihnen zu finden, daß sie es verdienten, mit dem Herrn zu wandeln. Sondern er wollte, daß sie in einer Weise lebten, wie es ihrer Gemeinschaft mit Christus entspreche. Kein Jünger lebe so, daß er Schmach über seinen Herrn bringe. Freunde, möchtet ihr soviel von Jesus erkennen, daß euer Leben Christus gleich wird, geeignet dem Charakter Jesu zur Seite gestellt zu werden, würdig eures vollkommenen Herrn.

Das ist ein hohes Vorbild, nicht wahr? Es ist stets besser, ein hohes Vorbild als ein niedriges zu haben. Wenn ihr euch ein niedriges Vorbild wählt, werdet ihr dahinter zurückbleiben. Ein altes Sprichwort sagt: »Wer nach dem Mond zielt, schießt höher als der, der nach dem Busch zielt.« Es ist gut, ein niedrigeres Muster vor Augen zu haben als das Verlangen, das Leben des Herrn Jesu noch einmal zu leben. Ein Leben der Selbsthingabe, ein Leben der Freigebigkeit, der Liebe, der Rechtschaffenheit, der geheiligten Tätigkeit, der innigen Gemeinschaft mit Gott führen zu können. Vereinigt alle Tugenden im rechten Verhältnis zueinander, und ihr habt das Leben Jesu, dem ihr mit ganzem Ernst und mit ganzem Herzen nachjagen müßt.

Außerdem wünscht der Apostel uns viel Erkenntnis, damit wir unserem besten Freund zu allem Gefallen leben können: Des Herrn würdig zu allem Gefallen. Ist das nicht schön, so zu leben, daß wir Gott in jeder Beziehung gefallen! Manche leben, um sich selber zu gefallen, und manche, um ihren Nächsten zu gefallen, und manche, um ihren Frauen zu gefallen, und manche, um ihren Kindern zu gefallen, und manche leben so, als ob sie wünschten, dem Teufel zu gefallen. Aber unsere Aufgabe ist es, dem in allem zu gefallen, dessen Knechte wir sind. Ohne Heiligung wird niemand ihn sehen, geschweige denn ihm gefallen. Darum laßt uns der Heiligung nachjagen, und möchte der Herr sie in uns wirken! »Zu allem Gefallen«, so daß wir Gott gefallen von dem Augenblick an, wo wir des Morgens aufstehen bis zur Zeit, wenn wir uns zum Schlafen niederlegen. Auch daß wir so essen und trinken, daß wir ihm gefallen, daß wir so reden und denken, ihm zu gefallen, daß wir uns so freuen oder leiden, daß wir ihm gefallen – »des Herrn würdig wandeln zu allem Gefallen«. Glückselig der Mensch, dessen Leben in jeder Beziehung Gott wohlgefällt! Zu diesem Zweck wünscht der Apostel, daß wir mit Erkenntnis erfüllt werden. Wenn ich den Willen Gottes nicht erkenne, wie kann ich dann den Willen Gottes tun? Ich fürchte, daß viele Kinder Gottes ihren himmlischen Vater betrüben durch Sünden der Unwissenheit, einer Unwissenheit, in der sie nicht einen einzigen Tag länger bleiben sollten. Wir müssen uns darüber im klaren sein, daß Sünden der Unwissenheit wirkliche Sünden sind. Wenn jemand demgegenüber geltend machen will, daß er seinem Gewissen folge, so wird das doch sein Unrechttun nicht entschuldigen, wenn sein Gewissen ein nicht erleuchtetes Gewissen ist und wenn er damit zufrieden ist, es im Dunkeln zu erhalten. Ihr habt dem Willen des Herrn zu gehorchen. Dieser Wille ist die Richtschnur des Heiligtums. Unser Gewissen gleicht oft einem unzulänglichen Gewicht, es täuscht uns. Laßt uns deshalb klare Erkenntnis des Wortes suchen, damit wir prüfen können, welches der vollkommene und wohlgefällige Gotteswille sei. Gott verleihe uns Gnade, seinen Willen zu erkennen und dann zu tun. »Zu allem Gefallen.«

»Und fruchtbar seid«. Paulus will, daß wir die beste Frucht bringen. Ohne Erkenntnis können wir nicht fruchtbar sein. Jedenfalls werden wir in den Punkten, im Blick auf die wir unwissend sind, nicht Frucht bringen, wie es geschehen sollte. Paulus sagt: »Fruchtbar in allem guten Werk.« Das besagt viel. Manche werden darin behindert, weil sie nicht wissen, wie sie heiligen Dienst leisten sollen. Wie kann jemand als Prediger fruchtbar sein, wenn er nicht weiß, was er predigen soll. Ein Mensch kann nicht lehren, was er nicht weiß. Erkenntnis ist Nahrung dem aufrichtigen Herzen und stärkt es für das Werk des Herrn.

Es ist auch noch ein anderer Ton in diesem Vers, den ich zu beachten bitte. Paulus wollte, daß ihr eine umfassende Mannigfaltigkeit der besten Dinge hervorbringen möchtet. Er sagt: »Fruchtbar in jeglichem guten Werk.« Hier tut sich ein weites Feld auf. Hast du die Fähigkeit, das Evangelium zu predigen? Predige es! Muß ein kleines Kind getröstet werden? Tröste es! Kannst du sicher auftreten und vor vielen Menschen eine herrliche Wahrheit verteidigen? Tue es! Braucht eine armer Mensch Speise von deinem Tisch? Schicke sie ihm! Sorge dafür, daß Berge des Gehorsams, des Zeugnisses, des Eifers, der Liebe, des Mitleids, des Wohlwollens in deinem Leben gefunden werden. Erwähle dir nicht große Dinge zu deinem Spezialfach, sondern verherrliche den Herrn auch in den Kleinigkeiten. »Fruchtbar in jeglichem guten Werk.« Kein Zweifel, daß du ganz von selbst am meisten bestimmte gute Werke verrichtest, zu denen du am meisten veranlagt bist. Aber du solltest darüber andere Dinge nicht vernachlässigen. In einem großen Haus braucht man nicht nur Köche und Hausmädchen, sondern allgemeine Diener, Mädchen für alles, zu allem und jedem bereit. Wenn wir in Christi Gemeinde eintreten, sollten wir darauf vorbereitet sein, den Heiligen die Füße zu waschen oder ihre Last zu tragen oder ihre Wunden zu verbinden oder ihre Feinde zu bekämpfen oder als Haushalter oder als Hirt oder als Pflegerin zu handeln. Jemand hat sehr schön gesagt: Wenn im Himmel zwei Engel aufgefordert würden, dem Herrn zu dienen, und es gäbe dort zwei Dienste zu verrichten, nämlich einmal ein Reich zu regieren oder eine Straße zu kehren, so würde kein Engel für sich wählen, sondern würde abwarten, welche Arbeit der Herr für ihn bestimmt hat. Laßt uns ebenso zu allem bereit sein, zu allem, wodurch für den Herrn Frucht gebracht werden kann.

Wie kommt es, daß einige trotz dieser umfassenden Möglichkeit Frucht zu bringen, nicht fruchtbar sind? Wenn jemand sagt: »Sie fordern aber auch gerade die niedrigste Arbeit von mir! Wissen Sie nicht, daß ich ein Mann von besonderen Fähigkeiten bin, dem höhere Arbeit zugeteilt werden sollte?« So wage ich zu behaupten, daß er ein unwissender Mensch ist. Selbstbehauptung ist Unwissenheit auf stolzem Roß. Ich kenne dich, lieber Bruder, du bist zu erfahren, zu alt, zu gelehrt, um in der Sonntagsschule zu helfen! Ich weiß, du bist zu respektabel, um ein Traktat weiterzugeben! Bitte darum, daß du von solchen Gedanken befreit wirst, und versuche, dich in jeder nur möglichen Weise nützlich zu machen. Wenn du ein wenig getan hast, so tue viel; wenn du viel getan hast, so tue mehr, und wenn du mehr getan hast, bitte um Gnade, zu dem höchstmöglichen Grad der Nützlichkeit für deinen Herrn fortschreiten zu können.

4. Die Rückwirkung der Herrlichkeit auf die Erkenntnis

Fruchtbar in jeglichem guten Werk – und was dann? »Wachsend in der Erkenntnis Gottes.« Es scheint demnach, als ob Heiligkeit der Weg zur Erkenntnis ist. Gott hat es so gemacht. Wenn du liest und studierst und kannst den Sinn der Schrift nicht verstehen, so stehe auf und tu etwas, und es kann sein, daß du, während du es tust, das Geheimnis entdeckst. Heiligkeit des Herzens wird die Erleuchtung deines Geistes vermehren.

Achtet darauf, daß diese Erkenntnis weiterreicht, denn Paulus bat anfangs darum, daß sie erfüllt werden möchten »mit Erkenntnis seines Willens«. Aber nun erfleht er für sie ein Wachsen in der Erkenntnis Gottes selbst. Dies ist die Höhe der Erkenntnis. Christus sehen und den Vater erkennen und zu lernen, wie man von Herzen sagen kann »unsere Gemeinschaft ist mit dem Vater und mit seinem Sohn Jesus Christus«.

Und noch ein anderer Gedanke ist wichtig. Achtet auf die Sprache des Apostels. In Vers 9 sagt er: »Daß ihr erfüllt werdet mit Erkenntnis seines Willens.« Kann etwas darüber hinausgehen? Das Gefäß ist voll bis zum Rand. Was kann es noch mehr haben? Doch der Apostel sagt: »Wachset in der Erkenntnis Gottes.« Was kann das bedeuten? Wenn der Geist voll ist, wie kann er noch mehr aufnehmen? Wenn der Mensch voll Erkenntnis ist, wie kann diese Erkenntnis zunehmen? Ich lege euch dieses Rätsel vor. Hier ist die Lösung: Macht das Gefäß größer, und dann kann eine Vermehrung stattfinden. Paulus lehrt also hier einfach, daß, wenn wir so in der Erkenntnis zugenommen haben, daß wir voll sind, wir wünschen sollen, daß wir an Fähigkeiten zunehmen, um noch mehr zu erkennen, daß unser Auffassungsvermögen zunehme, daß aus Kindern Jünglinge, aus Jünglingen Väter und sie so stets mehr erfüllt werden mit der Fülle Gottes! Niemand denke, daß er nicht weiterkommen könne. »Es gibt«, sagt Augustin, »eine gewisse Vollkommenheit nach dem Maß dieses Lebens, und es gehört zu dieser Vollkommenheit, daß solch ein vollkommener Mensch wissen sollte, daß er noch nicht vollkommen ist.« Das unterschreibe ich von Herzen. Der eilige Bernhard sagt: »Der ist überhaupt nicht gut, der nicht wünscht, besser zu sein.« Auch das unterschreibe ich. Manche könnten gut werden, wenn sie nicht von ihrer eigenen Vollkommenheit so aufgeblasen wären. Andere sind in irgendeiner Sicht empfehlenswert, aber sie wachsen nie, weil sie meinen, daß sie bereits ausgewachsen sind. Ich möchte euch sehen erfüllt mit aller Erkenntnis, erfüllt mit aller Heiligkeit, erfüllt mit dem Heiligen Geist, erfüllt mit Gott und doch wachsend in Erkenntnis und Heiligkeit, in der Gottähnlichkeit und in allem Guten zu seiner Ehre. Der Herr füge seinen Segen hinzu um Jesu willen. Amen.

IX. Das Gebet für andere kann alles verändern

»Der Gerechte schlage mich – es ist Güte.
Er strafe mich - es ist Öl für mein Haupt.
Mein Haupt wird sich nicht weigern.
Ist er in Not, will ich stets für ihn beten.« Psalm 141,5
(wörtlich übersetzt nach dem hebräischen Original)

Dies ist eine sehr schwierige Stelle. Danach sagt David: Obwohl der Gerechte ihn ernst strafe, so daß er sein Gewissen trifft und ihm sein Unrecht vorhält, und selbst wenn er dies mit großer Strenge tue, wolle er doch nicht unwillig über ihn werden, sondern ihn um so lieber haben und ihm dankbar sein für seine Treue, und seine Liebe wolle er dadurch beweisen, daß er fortführe, für seinen Tadler zu beten, wenn den frommen Mann zu irgendeiner Zeit Unglück treffen sollte. David wollte stets seinem ehrlichen Tadler einen warmen Platz in seinen Gebeten gönnen.

Nun, wenn dies der Sinn ist – und ich glaube das –, so hatte David die Gewohnheit, für die Heiligen zu beten; denn er sagt, daß selbst in ihrem Unglück seine Gebete für sie emporsteigen.

Unser Thema soll heute die hohe Pflicht der Fürbitte sein, eine in unseren Tagen zu wenig beachtete Pflicht. Wir werden zuerst davon reden, wie der Text uns dazu anleitet, für die Heiligen zu bitten, und dann über die Fürbitte für die Sünder.

1. Die Fürbitte für das Volk Gottes

Um Ordnung in unsere Gedanken zu bringen, nehmen wir als unseren ersten Schlüssel das Wort *Verpflichtigung*. Jedes Kind Gottes soll für die übrigen Mitglieder der heiligen Familie beten. Lehrt uns dies nicht die Natur selber? Ich meine nicht die alte Natur, sondern die neue, vom Heiligen Geist in uns erschaffene. Habt ihr nicht gefunden, meine Brüder, daß ihr, sobald ihr das göttliche Leben besaßet, ohne irgendeine Ermahnung anfingt, für andere zu beten? Eure ersten gläubigen Rufe begannen mit »Unser Vater, der du bist im Himmel«, und schlossen so die andern mit ein. Unter den frühesten Gebeten, die ein erneuertes Herz darbringt, wird eins für den Mann sein, durch den er zu Jesus gebracht wurde. Kein Neubekehrter vergißt, für den Prediger zu beten, der das Werkzeug seiner Bekehrung gewesen ist. Die eben befreite Seele bittet auch für andere, die noch in der bejammernswerten Lage sind, der sie selbst durch Gottes Gnade entflohen ist. »Du hast meine Seele aus dem Gefängnis herausgeführt, Herr; setze meinen Mitgefangenen in Freiheit. In deiner Güte und Freundlichkeit laß andere auch die Süßigkeit deines Heils schmecken!« Dann werden die Christen, die zu irgendeiner Zeit mit dem Bekehrten gesprochen, ihm Trost oder Unterricht erteilt, sicherlich einen Anteil an seinen Gebeten bekommen, denn ein erneuertes Herz ist ein dankbares Herz, und ein Mensch ist nicht von oben geboren, der keine Dankbarkeit gegen seine Freunde hier unten fühlt.

Dieser natürliche Instinkt, für andere zu beten, bleibt dem neugeborenen Gläubigen sein ganzes Leben hindurch. Er muß es tun, und es ist eine Freude für ihn, es zu tun; es würde ihm unmöglich sein, ganz damit aufzuhören, denn der Geist Gottes in seinem Herzen tut Fürbitte für die Heiligen nach dem Willen Gottes.

Und, Brüder, wie es ein Instinkt der vom Himmel geborenen Natur ist, so ist es auch ein Gesetz. Die Heiligen können in der ihnen gebührenden Ordnung beschrieben werden als die, welche »stets beten in allem Anliegen mit Bitten und Flehen im Geist und wachen dazu mit allem Anhalten und Flehen für alle Heiligen«. Jedem Gläubigen ist in Sachen des Gebetes der Platz eines Wächters angewiesen; er ist verpflichtet, dem Herrn keine Ruhe zu lassen, bis daß »Jerusalem gesetzt werde zum Lobe auf Erden«. Wir sind alle verpflichtet, für den Frieden Jerusalems zu beten – unser eigenes Wohlergehen hängt damit zusammen. Das neue Gebot, das der Herr uns gegeben hat, in dem er uns »einander lieben« heißt, macht unser Beten für einander notwendig.

Wie kann ein Mensch behaupten, daß er seinen Bruder liebt, wenn er niemals bei Gott für ihn eintritt?

Kann ich fortwährend mit meinen Mitgläubigen leben und ihre Leiden sehen und nie für sie zu Gott schreien?

Kann ich ihre Armut, ihre Trübsale, ihre Versuchungen, ihre Traurigkeit bemerken und sie dann in meinem Flehen vergessen?

Kann ich ihr Werk des Glaubens und ihre Arbeit der Liebe sehen und nie einen Segen auf sie herabbitten?

Kann ich mich in mich selber einwickeln und gleichgültig sein gegen die, die meine Brüder in Christus Jesus sind?

Unmöglich! Ich müßte zu einer anderen Familie gehören, denn in Gottes Familie der Liebe leitet das gemeinsame Mitgefühl zu beständiger Fürbitte. Gott verhüte, daß wir gegen den Herrn sündigen dadurch, daß wir aufhören, für unsere Brüder zu beten. Jede Biene im Bienenstock der Kirche sollte ihren Beitrag von Honig zu dem allgemeinen Vorrat herzubringen. Wie alle Würzelchen eines Baumes die Erde nach Nahrung durchsuchen und allen Vorrat einsaugen zum Nutzen aller, so sollte jeder Gläubige mit dem Gebet geistliche Segnungen suchen und einsaugen zum Besten der ganzen Kirche. Vergeßt also nicht, meine Brüder, die liebliche Verpflichtung, die euch durch eure Verwandtschaft mit den Heiligen und ihrem hochgelobten Herrn aufgelegt ist.

Überdies erkennen wir ja eine sehr nahe Gemeinschaft unter den Gläubigen an, eine Einheit sehr inniger Art: Wir sind nicht bloß Brüder, sondern »Glieder eines Leibes«. Christus ist das Haupt seines Leibes, der Kirche, und wir sind alle Glieder seines Leibes. Wie in dem menschlichen Körper jedes Glied, jedes Organ, jede Ader, jeder Nerv zum Ganzen nötig ist, so ist in der Kirche jeder Gläubige den übrigen Gläubigen nötig, und diese sind ihm nötig. Wir mögen nicht imstande sein zu zeigen, was für einen besonderen Schaden der Arm durch eine Verletzung des Knies erleiden würde, aber seid gewiß, er wird in Mitleidenschaft gezogen. Keine einzige Zelle des Organismus kann in Unordnung sein, ohne daß dies in einem gewissen Grade auf den ganzen Körper Einfluß hat. Ebenso hat Gott uns abhängig voneinander gemacht, weit mehr, als wir denken. In der Gemeinde als Gesamtheit trägt ein jeder zur Gesundheit oder Krankheit der ganzen Körperschaft bei. Keiner lebt sich selber in der Gemeinde Gottes, und keiner stirbt sich selber. Wenn ein Gläubiger in der Gnade wächst, so ist er nicht für sich selbst allein bereichert, die christliche Gemeinschaft hat ihren geistlichen Reichtum durch seinen Gewinn vermehrt. Wenn anderseits ein Mensch in göttlichen Dingen abnimmt, arm und schwach wird, so geschieht der Schade nicht bloß ihm selber, sondern in einem gewissen Maße ist die Kirche ärmer geworden, geschwächt und geschädigt.

O Brüder, da dies der Fall ist, so laßt uns reichlich die Pflichten erfüllen, die wir dem Leibe schuldig sind, von dem wir einen Teil bilden; und in der fröhlichen Übung des Gebetes laßt uns immer fleißiger werden. Die Fürbitte sollte wie der Pulsschlag durch den ganzen Körper fühlbar sein, so daß jedes lebendige Glied den heiligen Impuls fühlte. Fürbitte ist eins der geringsten Dinge, die wir tun können, und dennoch eins der größten: laßt uns darin nicht träge sein. Ein gebetsloses Mitglied der Gemeinde ist ein Hindernis, es ist im Körper wie ein faulender Knochen oder ein hohler Zahn und wird binnen kurzem, da es nicht zum Wohle seiner Brüder beiträgt, eine Gefahr und ein Leiden für sie werden.

Brüder, laßt es mit keinem von uns so sein!

Und wenn noch ein Grund nötig wäre, um unsere Herzen zu rühren, so liegt der nicht sehr fern: Wir selber verdanken den Gebeten anderer vieles. Viele Christen können ihre Bekehrung zurückführen auf die Gebete ihrer Mutter, die für sie zum Himmel emporstiegen, als ihre kindlichen Zungen noch nicht den Namen des Heilandes aussprechen konnten. Mütter brachten sie zu Jesus und baten ihn, die Hände auf sie zu legen und sie zu segnen. Viele von euch verdanken ihre Bekehrung dem Flehen der Sonntagsschullehrer oder den Gebeten der Prediger oder anderer Christen, die Fürbitte für sie darbrachten.

Nun, wenn ihr durch Gebet einen Segen empfangen habt, so zeigt eure Dankbarkeit dadurch, daß ihr für andere betet. Versucht, den Segen weiterzugeben, wie ihr ihn empfangen habt.

Mir kann niemand eine größere Freundlichkeit erweisen, als wenn er für mich betet. Je mehr Gebete ich habe, desto reicher bin ich an Gütern, die besser sind als Gold und Silber.

Wie ein Mann, wenn sich sein Geschäft gut entwickelt, viele Hände in Bewegung setzt, und so bringt auch einer, der in christlichen Dingen zunimmt, viele Seelen dazu, für ihn zu beten, und so wird sich seine Wirksamkeit weiterentwickeln. Je mehr Gnade ein Knecht Gottes für sein Wirken nötig hat, desto mehr Fürbitte bedarf er von seinen Brüdern und Schwestern, damit er sein Werk unter dem göttlichen Segen fortzuführen vermag.

Ich bin verpflichtet, Brüder, für euch zu beten, weil ich weiß, daß viele von euch beständig für mich am Gnadenthron flehen. Ich frage euch deshalb: Wenn ihr durch die Fürbitte der Heiligen Segnungen empfangen habt, würdet ihr nicht sehr undankbar sein, wenn ihr nicht eurerseits für andere bitten wolltet? Brachten einer Mutter Gebete dich zu Christus? Dann, liebe junge Mutter, sende deine Fürbitten hinauf für dein Kindchen. Leitete das Flehen eines Vaters dich zum Heil? Dann, junger Mann, unterstütze deinen Vater durch beständige Fürbitte, und bereichere so seine letzten Tage. Umsonst habt ihr es empfangen, umsonst gebt es auch. Der durch den Tau fruchtbar gemachte Boden gibt seine Ernte zurück – so gib auch du der Gemeinde, durch die du Segen erhalten hast, mit deiner Fürbitte Segen zurück! Es ist keine Sache der freien Wahl, ob wir für unsere Brüder in Christus beten wollen oder nicht. Geliebte Brüder, ihr lebt nicht für Gott, ihr habt nicht den Instinkt des neuen Lebens, wenn ihr nicht für die Gemeinde betet. Ihr habt nicht die Liebe, die von Gott ist und die das sichere Zeichen der Wiedergeburt ist, wenn ihr die Fürbitte vergeßt. Ihr seid nicht eurer Schuld eingedenk und handelt unwürdig der von euch behaupteten Einheit der Gemeinde, wenn ihr die Fürbitte versäumt. Wie mit einem Posaunenton möchte ich euch, meine Brüder und Schwestern, zu wirksamem, ernstem Gebet für die Familie des lebendigen Gottes aufrufen.

Laßt uns ein neues Schlüsselwort benutzen und anstattt von

der Pflicht von der *Ehre* reden. Was für eine Ehre ist es, für den Heiligen zu beten! Das bringt uns in die engste nur denkbare Gemeinschaft mit dem Herrn selber. Wir können für die menschliche Sünde nicht sühnen. »Es ist vollbracht«, sagte der Heiland, und vollbracht ist es. In diesem Werk können wir keine Gemeinschaft mit ihm haben außer dadurch, daß wir an den Ergebnissen teilnehmen, denn »er trat die Kelter allein, und niemand unter den Völkern war mit ihm«. Wenn wir jetzt das Evangelium predigen, so üben wir ein Amt aus, an dem unser Herr Jesus keinen Anteil hat; der Heilige Geist hilft uns, aber der Mensch Christus Jesus ist zur Rechten des Vaters, und seine Stimme hören wir nicht die Frohe Botschaft verkünden. Deshalb haben wir in mancher Hinsicht verschiedene Beschäftigungen und üben verschiedene Ämter aus, aber in dem Geschäft der Fürbitte sind wir eins: In diesem Augenblick bittet unser Herr vor dem Thron, und wenn wir für sein Volk beten, so tun wir genau dasselbe. Wir haben in der Fürbitte für die Heiligen tatsächliche, gegenwärtige Gemeinschaft mit unserem großen Hohenpriester, der im Allerheiligsten für uns bittet. Ich sage es noch einmal: Ich predige heute, doch Christus predigt nicht; aber wenn ich bete, so ist meine Stimme im Einklang mit der seinigen. Wenn ich für die Brüder bete, so denke ich daran, daß er vor dem Thron der Herrlichkeit steht mit dem Brustschildlein, auf dem die Namen aller seiner Erwählten in Edelsteinen schimmern. Ist es denn nicht etwas Köstliches, mit dem Sohne Gottes an dem Amt der Fürbitte teilzuhaben? In diesem Dienst hat er uns zu Priestern vor unserm Gott gemacht. Er ist der große Engel mit dem goldenen Rauchfaß, und der Rauch des Rauchwerks, das er darbringt, steigt mit den Gebeten der Heiligen vor Gott auf. Geliebte, wenn ihr in eurem Dienste dem Herrn Jesus gleich sein wollt, so ist dies die Gelegenheit: tut viel Fürbitte für die Heiligen!

Und welch eine Ehre ist es, daß wir, die vor so kurzer Zeit für uns selber an der Tür der Barmherzigkeit bettelten, es jetzt wagen dürfen, ein Wort in des Königs Ohr für andere zu sprechen. Unumschränkte Gnade erlaubt uns, zu sagen: »Habe Erbarmen mit mir!« Jetzt können wir zu dem Herrn kommen und sprechen: »Ich wollte gern ein Wort mit dir über meinen Bruder sprechen; ich möchte für eine Schwester bitten, die Erbarmen nötig hat.« Sehet, meine Brüder, ihr seid zu dem hohen Amt verordnet, des »Königs Erinnerer« zu sein, Almosenpfleger des Königs aller Könige; er öffnet seine Schatzkammern vor euch und heißt euch bitten, was ihr wollt. Wenn du im Glauben zu bitten verstehst, so kannst du deinen Brüdern Reichtümer austeilen, die köstlicher sind als das Gold von Ophir; denn die Fürbitte ist der Schlüssel zu den Palästen, in denen die Schätze Gottes enthalten sind.

Heilige erreichen in der Fürbitte einen Platz, wo Engel nicht stehen können. Diese heiligen Wesen freuen sich über bußfertige Sünder, aber wir lesen nicht, daß sie als Fürbitter für Heilige zugelassen werden. Doch uns, unvollkommen wie wir sind, ist es erlaubt, unsern Mund vor dem Herrn aufzutun für die Kranken und Leidenden, für die Beunruhigten und Niedergeschlagenen mit der Versicherung, daß wir das empfangen sollen, um das wir gläubig im Gebet nachsuchen.

Es kommt in unseren Tagen selten vor, daß ein Mann, der denkt, daß er bei einem Mitglied des Parlaments oder bei einem Mächtigen etwas gilt, die Gelegenheit versäumt, für seinen Vetter oder seinen Sohn zu sprechen, der ein Amt wünscht, wo wenig zu tun und viel einzunehmen ist. In der ganzen Welt ist Überfluß an Ämterjägern, und einflußreiche Männer, die bei den Autoritäten etwas gelten, werden immer gedrängt, dies soviel nur möglich auszunutzen. Und dennoch muß ich hier heute morgen stehen und euch, liebe Brüder, die ihr Gehör bei Gott erlangen könnt, antreiben, euer köstliches Vorrecht zu gebrauchen. Ihr habt Verheißungen von Gott, daß er euer Gesuch bewilligen will. Viele sagen: »Sprich beim König für mich!« Da seid nicht träge im Helfen. Benutzt die Freiheit, die euer Fürst euch gibt, und betet für eure Brüder! Wenn kein anderer da ist, der eure Gebete nötig hat, so bitte ich, mir diesen Platz zu geben. »Brüder, betet für uns«, sagt ein Apostel – wieviel nötiger habe ich das! Da wir täglich in heiligen Dingen zu dienen haben, sind unsere Verantwortlichkeiten und Bedürfnisse groß; deshalb vergeßt uns nicht, wenn es gut mit euch steht. Sprecht ein freundliches Wort beim König für seine Diener und bittet ihn, uns mehr von seiner Gnade zu gewähren!

Ein drittes Schlüsselwort hieße *Vorbild*. Fürbitte ist etwas Vorbildliches; denn sie bringt denen Nutzen, die sie tun, und leistet der ganzen Gemeinde Gottes wirkliche Dienste. Ich hoffe, wir haben keine Glieder dieser Gemeinde, die zufrieden sind, ihre Namen im Gemeindebuch zu haben, Gottesdienste zu besuchen, und die fühlen, daß alles getan ist, wenn dies getan ist. Nein, ihr wünscht, wirklich hilfreich zu sein und Gott Ehre zu bringen. Wohlan, ich rühme euch zu diesem Zweck den hohen Rang der Fürbitte.

Zuerst, Brüder, wird sie euch dazu leiten, die Brüder kennenzulernen. Ihr könnt nicht gut für sie beten, von denen ihr nichts wißt. Ihr werdet darum nicht in den Versammlungen ein- und ausgehen, ohne die Person zu kennen, die neben euch sitzt, sondern ihr werdet euch erkundigen, wie es den Brüdern geht; und wenn ihr von einem hört, der in geistiger oder leiblicher Not ist, so werdet ihr bereit sein, davon Notiz zu nehmen, um für ihn beten zu können, und dann werdet ihr in teilnehmender Bekanntschaft mit diesen Brüdern stehen. Paulus will, daß wir die kennen, die unter uns arbeiten und über uns gesetzt sind in dem Herrn, und ich wünschte, alle Glieder der Gemeinde wüßten mehr von ihres Hirten Kämpfen und Leiden und Freuden, damit sie mehr Mitgefühl mit ihm hätten, und dasselbe gilt von allen übrigen Brüdern; je mehr ihr kennt und mitfühlt, desto besser wird euer Gebet sein, und weil ihr kennen müßt, um Fürbitte zu tun, deshalb nenne ich diese eine vorbildliche Übung.

Ernste Fürbitte wird sicherlich *Liebe* mit sich bringen. Ich glaube nicht, daß ihr einen Menschen hassen könnt, für den ihr beständig betet. Wenn ihr irgendeinen christlichen Bruder nicht mögt, so betet doppelt für ihn – nicht nur um seinetwillen, sondern um eurer selbst willen, damit ihr vom Vorurteil geheilt und von allem unfreundlichen Gefühl befreit werdet. Denkt an die alte Geschichte von dem Manne, der zu seinem Pastor kam, um ihm zu sagen, daß er keinen Gefallen an seinen Predigten fände. Der Prediger sagte weislich: »Mein lieber

Bruder, ehe wir über die Sache reden, wollen wir zusammen beten«, und nachdem sie beide gebetet hatten, fand der Klagende, daß er nichts zu sagen hätte, außer dem Bekenntnis, daß er selber sehr nachlässig im Gebet für ihn gewesen und daß dies schuld daran sei, daß er von den Predigten keinen Gewinn gezogen habe. Ich schreibe den Mangel der brüderlichen Liebe der Abnahme der Fürbitte zu. Betet für einander ernstlich, beständig, herzlich, und ihr werdet eure Herzen in Liebe verbinden. Dies ist der Kitt, mit dem die Steine der Gemeinde gelegt werden müssen, wenn sie zusammenhalten sollten.

Wenn ihr füreinander betet, so wird nicht nur eure Liebe und Teilnahme wachsen, sondern ihr werdet euch gegenseitig freundlicher beurteilen. Wir urteilen immer gelinde über diejenigen, für die wir beten. Wenn ein Verleumder meinen Bruder in einem sehr schwarzen Lichte darstellt, so läßt meine Liebe mich fühlen, daß er sich irrt. Betete ich nicht heute morgen für ihn, wie kann ich ihn denn jetzt verurteilen hören? Wenn ich gezwungen bin, ihn für schuldig zu halten, so tut es mir sehr leid, aber ich will ihm nicht zürnen, sondern den Herrn bitten, ihm zu vergeben und ihn wieder zurecht zu bringen, und will daran denken, daß auch ich versucht werden kann. Wir halten unsere Kinder für schön, weil sie unsere eigenen sind und einen Platz in unserem Herzen haben. Ebenso nehmen wir schnell jeden schönen Charakterzug in denjenigen wahr, für die wir beten, und sind willig, Entschuldigungen für ihre schwachen Seiten zu finden. Das Gebet vereint wunderbar die Herzen und hat viel Kraft, Liebe zu erzeugen.

Fürbitte hilft zur *Wachsamkeit.* Gesetzt, du würdest als Mitglied dieser Gemeinde in Berührung mit Rückfälligen gebracht und suchtest ihre Wiederaufrichtung, so würden deine Gebete dich ganz natürlich dahin führen, auch zu beten: »Herr, bewahre mich vor diesem Übel, behüte mich vor Rückfall, bewahre mich davor, kalt und gleichgültig zu werden, wie diese Brüder es geworden sind.« Wenn wir mit solchen zusammentreffen, die ein christliches Bekenntnis abgelegt haben und jetzt in Trunksucht gefallen sind, und wir flehen ernstlich den Herrn an, sie aus dieser schrecklichen Grube zu befreien, so fühlen unsere Seelen Ekel vor dieser Sünde und sind ihr gegenüber auf der Hut. Sind zwei Brüder uneinig geworden und können nicht zum Frieden gebracht werden, und bitten Gott, daß die Einigkeit zwischen ihnen hergestellt werden möge, so werden wir auch dahin geführt, zu bitten, daß wir sanften und ruhigen Geistes seien und keinen Streit verursachen, und daß wir andernfalls bereit sein möchten, unser Unrecht zu bekennen und wieder gutzumachen. So werden die Gegenstände unserer Fürbitten zu Warnungszeichen für uns. Wenn du andere mit tadelsüchtigem Auge betrachtest, sie eifrig kritisierst und von Haus zu Haus gehst, um das üble Gerücht zu verbreiten, so wird deine unheilige Handlungsweise Selbstgerechtigkeit in dir erzeugen; aber wenn du zu dem Herrn gehst mit Schmerz über alles schlechte Tun der Brüder und eifrig die Wiederherstellung der Irrenden suchst, so werden in deinem Herzen Zartheit des Gefühls und Wachsamkeit gegen Sünde wachsen. Wer viel für andere fleht, wir häufig auf den eigenen Lippen das Gebet finden: »Erforsche mich, Gott, und erfahre mein Herz; prüfe mich, und erfahre, wie ich es meine. Und siehe, ob ich auf bösem Wege bin, und leite mich auf ewigem Wege.«

Ich bin überzeugt, daß Fürbitte eine der heiligsten, wohltätigsten und himmlischsten Übungen ist, mit der sich ein Frommer beschäftigen kann.

Aber müßten sich nicht die meisten von uns schämen, wenn wir gefragt würden, wie wir diese Pflicht erfüllen? Darf ich wagen, jedem Christen hier die Frage vorzulegen: Hast du Gott und seiner Gemeinde deinen angemessenen Teil an Fürbitte dargebracht? Wir haben nicht zuviel darin getan, des bin ich gewiß. Kein Mensch betet zu viel für seinen Mitmenschen. Haben wir genug gebetet?

Ich gebe euch Zeit und mache eine Pause, in der ihr euch die Frage stellen mögt.

Ich will euch meine eigene Antwort geben. Ich bin rein, was meine Pflicht gegen diese Gemeinde in Sachen des Predigens betrifft, denn ich habe es nicht gescheut, den ganzen Rat Gottes zu verkünden. Wenn ich lernen könnte, besser zu predigen, so wollte ich es gern tun. Ich bin mir meiner Mängel bewußt, aber ich habe euch herzlich und treulich vor Gott auf dieser Kanzel gedient. Aber ich kann nicht das Gleiche von meiner Fürbitte sagen. Ich habe Gott viele Bekenntnisse und Versäumnisse in diesem Fache abzulegen, und mir ist bange, daß eine große Zahl meiner Mitarbeter sich auch in dieser Hinsicht schuldig bekennen muß.

Du hast noch nie in deiner Klasse am Sonntag gefehlt, du bist immer rechtzeitig bei deiner Arbeit und hast die Bibellektion gut studiert; das ist recht; aber, lieber Bruder, betest du immer die Lektion in deine Seele hinein?

Liebe Schwester, hast du es dir zur Gewohnheit gemacht, für die Mädchen unter deiner Obhut einzeln, mit inniger Wärme zu beten? Ich klage dich nicht an, aber ich bitte dich, in deine eigene Seele zu blicken, denn das Versäumnis in dieser Sache verursacht uns selbst und der Gemeinde keinen kleinen Schaden.

Älteste und Diakone dieser Gemeinde, seid ihr rein in Sachen der Fürbitte? Einige unter uns mögen ohne Tadel in dieser Beziehung sein, aber mir ist bange, daß die meisten von uns andere Pflichten in weit größerem Maße erfüllt haben als diese. Wir haben öffentlich in den Gebetsstunden gebetet, und wir haben an dem Hausaltar nicht die Fürbitte für die Heiligen vergessen, und sie ist, wie ich hoffe, auch nicht fremd in unserer Privatandacht; aber dennoch, wenn wir für unsere Brüder zehnmal soviel oder selbst hundertmal soviel gebetet hätten, so wären wir nicht zu weit gegangen.

Wir stehen zuweilen auf der öffentlichen Rednerbühne und klagen die Gemeinde Gottes der Kälte an; laßt uns die Frage an uns selber tun: Haben wir durch unsere Gebete zu ihrer Wärme beigetragen? Haben wir um ihre Neubelebung gefleht?

Wir tadeln die Missionsgesellschaften, weil nur geringe Erfolge sichtbar werden. Beten wir für die Mission, wie wir sollten?

Ich höre eine traurige Klage über das gegenwärtige und neu aufkommende Geschlecht von Predigern; haben wir für Studenten und für Pastoren gebetet, wie wir es sollten?

Ich höre die Leute von Christen als von weltlichen, oberflächlichen oder stolzen Menschen sprechen. Habt ihr sie aus ihrer Weltlichkeit und ihrem Stolz herausgebetet? Ist es nicht wahrscheinlich, daß ihr viel besser getan hättet, für sie zu beten, als sie zu tadeln? Ja, und mögen nicht die Irrtümer, die ihr in ihnen seht, in einem beträchtlichen Maße auf die Vernachlässigung eures Amtes der Fürbitte zurückzuführen sein?

Laßt es vorbei sein mit dem Murren und Klagen, dem Kritisieren und Tadeln und nehmt das Ganze hinauf zum Gnadenstuhl, denn wenn die Hälfte des Odems, der vergeblich in tadelnden Klagen verschwendet wird, in Fürbitte verwandelt würde, so wäre mehr Heiligkeit in der Gemeinde, und das, meine ich, sei ein vorbildlicher Dienst.

Nun muß ich wieder zu dem Text kommen und euch ein anderes Wort geben. Es heißt: *Weite.* David sagt im Text: Dennoch soll mein Gebet auch in ihrem Unheil sein; und er meint: Wenn einige der Heiligen Gott ihm mit ihrer Treue gegenüber seiner Seele auf die Nerven fallen sollten, so wollte er dessen ungeachtet für sie beten.

Brüder, wir sollen unsere Gebete nicht auf die beschränken, die uns in ihren Reden gefallen, sondern wir sollen liebevoll für die beten, die zu scharf, zu hart, zu schneidend in ihren Bemerkungen sind. Gesetzt, sie wären so strenge, daß sie unsere Seele betrübten; gesetzt, ihre Vorwürfe erschienen ehrenrührig und ungerecht, so sind wir doch gerufen, für sie zu beten. David scheint in dem Text zu sagen, daß er für die Gerechten in ihrem Unglück beten wolle, wie sie auch gegen ihn handeln mögen; und ich dringe in euch, meine Brüder, daß ihr, wenn irgendein Mitglied dieser Gemeinde euch unfreundlich behandelt hat, euch dadurch rächt, daß ihr ihn zehnmal mehr liebt als je zuvor und beständiger und ernster für ihn betet. Wenn auch ein Bruder euch gekränkt und tief verwundet hat, so daß der Gedanke an ihn euch Schmerz verursacht, so ist doch die beste Heilung für die Wunde, zu Gott im Gebet zu gehen und herzlich für ihn zu beten; bittet den Herrn, ihm einen großen Segen zu geben und ihn zu einem besseren Christen zu machen, ihn mit göttlicher Liebe zu erfüllen; und dann, wenn ihr seht, daß er besser geworden, werdet ihr entweder denken, daß ihr euch in eurem Urteil über das, was er sagte, geirrt und das verkehrt aufgefaßt habt, was er in guter Meinung äußerte, oder ihr werdet finden, daß er zu euch kommt und sagt: »Ich hatte unrecht, Bruder«, oder wenn er es nicht in Worten bekennt, so wird er es durch besondere Freundlichkeit gegen euch in seinen Taten bekunden.

Und wenn wir je einen Mitchristen im Unglück sehen, sollen wir doppelt für ihn beten. Die Weltmenschen verlassen ihre Gefährten, wenn sie in Not sind, wie die Herde den verwundeten Hirsch verläßt. Wir haben viele Freunde, wenn alles gut geht; wir haben sehr wenige, wenn die bösen Tage sich auf uns herabsenken. Aber mit den Christen sollte es nicht so sein. Wir sollten treue Freunde sein; wir sollten freundlicher als gegen andere gegen die sein, die arm werden; und wenn wir einen Mitchristen treffen, der ohne Trost und verzagt ist, auch wenn seine Gesellschaft uns nicht angenehm ist und sogar einen niederdrückenden Einfluß auf uns selber hat, sollen wir doch für ihn desto mehr beten und versuchen, ihm aus dem Sumpf der Verzagtheit aufzuhelfen. Besonders wenn ein Bruder verleumdet wird, sind wir aufgefordert, zu ihm zu stehen. Zu viele folgen der schlechten Gewohnheit, dem Verleumdeten aus dem Wege zu gehen. Feiglinge sprechen: »Jemand hat eine Handvoll Schmutz auf einen Christen geworfen: laßt uns fern bleiben, der Schmutz könnte auch auf uns fallen.« Aber wir sprechen nicht so. Nein, Bruder, wenn du zu Jesu Jüngern gehörst und unser verfolgter Bruder kein Unrecht getan hat, so laßt uns mit ihm stehen oder fallen. Laßt uns ihn nie verlassen. Wenn die Welt sagt: »Nieder mit ihm! Nieder mit ihm! Nieder mit ihm!« so laßt uns wie der alte griechische Held zu Hilfe eilen und unsern Schild über den Gefallenen halten und für ihn kämpfen, bis er wieder aufstehen kann; denn eines Tages mögen auch wir zu Boden fallen und eines Jüngers bedürfen, der uns vor dem Feinde deckt. Laßt uns unsere Brüder aus ihrer Not herausbeten und sie nicht verlassen, und wenn es lange dauern sollte, bis das Gebet erhört wird, so laßt uns beharrlich und dringend darin sein und mit David sprechen: »Dennoch soll mein Gebet in ihrem Unglück sein.«

Ich werde nichts mehr über diese Sachen der Fürbitte für die Heiligen sagen, sondern sie vor dem ewigen Thron und eurem eigenen Gewissen lassen. Ich bitte euch, wenn ihr nicht Verräter Christi seid, wenn ihr Glieder der wahren Einheit seid, wenn eure Seelen durch den Heiligen Geist verbunden sind, so ringet viel füreinander, und laßt den Bundesengel nicht gehen, bis ein Segen auf das ganze Haus Gottes kommt und von da auf die übrige Welt strömt.

2. Das hohe Amt der Fürbitte für Sünder

Als Gemeinde haben wir eine Krone. Viele Jahre lang haben wir sie schon. Nun, was ist unsere Krone? Es ist nicht unser Reichtum, denn darin tun wir uns nicht hervor. Es ist nicht unsere Gelehrsamkeit. Es sind nicht unsere geschmackvollen Gottesdienste, die Schönheit unserer Musik und die Lieblichkeit unseres Gesanges gewesen. Nein, sondern wir lieben die Einfachheit. Unsere Krone ist dies eine: Wenn es eine Gemeinde in der Christenheit gibt, die sich dem Gewinnen von Seelen widmet, so diese Gemeinde. Unsere Predigt hat stets darauf abgezielt, Brände aus dem Feuer zu reißen, Sünder aus der Finsternis in das wunderbare Licht zu bringen, und ich lasse euch nur Gerechtigkeit widerfahren, wenn ich sage, daß bei weitem der größere Teil dieser Gemeinde wirklich strebt, Seelen zu gewinnen. Es tut meinem Herzen wohl, mit verschiedenen kleinen Gesellschaften von Brüdern und Schwestern unter euch zusammenzutreffen, die überall in dieser Stadt anspruchslos, aber erfolgreich wirken, um Seelen zu Christus zu bringen. Ich hoffe, es wird immer so sein. Ich möchte die Worte Christi in der Offenbarung Johannes gebrauchen, wenn er zu der einen Gemeinde spricht: »Halte, was du hast, daß niemand deine Krone nehme.« Halte fest, o Gemeinde! Laßt es immer unsere Freude und Ehre sein, daß Gott uns geistliche Kinder gibt und Seelen für ihn geboren werden. Nun, wenn wir dies zu tun wünschen, und ich bin gewiß, wir tun es, so müssen wir uns mehr der Fürbitte für die Unbekehrten befleißigen.

Betet zuerst, denn dies ist das Wesentlichste. Was können wir – ihr und ich – allein tun in der Bekehrung eines Menschen? Wir können nicht sein Herz ändern, wir können kein Leben in ihn hineinbringen – wir könnten ebensowohl daran denken, eine Seele in den Rippen eines Todes zu erschaffen. Es ist Gottes Werk, Seelen wiederzugebären. Was denn? Wenn ich sein Werkzeug dabei sein soll, so muß mein erstes sein, auf meine Knie zu fallen und zu beten: »O Gott, wirke durch mich!« Du gehst heute nachmittag zu deiner Sonntagsschule oder auf die Straße, um zu predigen; nun, wenn du das Werk selbst tun könntest, so würde ich dich nicht antreiben, Zeit damit zu verschwenden, daß du Gott bittest, zu tun, was du allein tun könntest; aber da du ohne den Heiligen Geist völlig machtlos bist, eine einzige Seele für Jesus zu gewinnen, so laß dein erstes Tun sein zu beten: »O göttliche Macht, komm und bekleide mich! Oh, feurige Zunge, werde mir gegeben; und du heiliger, brausender, mächtiger Wind, komm du, um Leben in tote Seelen zu hauchen!«

Gebet ist das Wesentlichste, um Sünder von dem Irrtum ihres Weges zu bekehren. Dann macht dich die Fürbitte zu einem Werkzeug Gottes.

Wenn ich für die Bekehrung einer Person bete, wenn ich einen bestimmten einzelnen meine, dann wird mein Herz zur Liebe für diesen erwärmt, wenn ich im Gebet über seinen Zustand und seine Lage nachdenke. Nun wohl, das lehrt mich und hilft mir, ihm das passende Wort zu sagen, wenn ich ihm nahe komme. Ich bin wie ein Wundarzt, der, wenn er das Skalpell zu brauchen hat, genau weiß, wo jeder Knochen liegt, und auch, welcher Teil beschädigt ist. Mein Gebet hat mir eine Diagnose von dem Zustande des Mannes gegeben. Ich habe ihn erforscht und in meinen Gebeten betrachtet, und wenn ich an ihm zu arbeiten beginne, so werde ich durch den Geist Gottes weise sein, auf rechte Weise das Rechte tun. Wenn wir wünschen, einen Menschen auf eine Lehranstalt zu senden, um ihn zu einem guten Helfer für bekümmerte Herzen zu machen, so würden wir ihn auf die des Gebetes-für-alle senden, denn Fürbitte ist das Mittel, weise im Gewinnen von Seelen zu werden.

Und das Gebet wird diese Wirkung auf euch haben, daß ihr hoffnungsvoll ans Werk gehen werdet. Es ist etwas Entsetzliches, an Personen zu denken, die von ihren Angehörigen in ihrem Sarge in die Erde gelegt werden, während noch Odem in ihrem Leibe war. Laßt uns achthaben, daß wir niemals eine Seele lebendig begraben – ich fürchte, wir haben die Gewohnheit, gerade das zu tun. Wir sprechen das Urteil über den und den, daß er nie bekehrt werden würde und alle Anstrengungen nutzlos seien. Wir meinen von einem anderen, er sei so verworfen, daß wir ihn wohl aufgeben und unsere Mühe an hoffnungsvollere Fälle wenden könnten. In all diesem haben wir unrecht, da wir kein Recht haben, das Todesurteil einer Seele zu unterschreiben oder zur Gnade Gottes zu sagen: »Bis hierher kannst du kommen und nicht weiter.« So lange ein Mensch in dieser Welt lebt, ist die Möglichkeit der Gnade für ihn da. Bringt ihn in euren Armen vor Gott im Gebet, und wenn ihr für ihn zu beten beginnt, so werdet ihr fühlen, daß Hoffnung da ist, und hernach mit ihm auf eine hoffnungsvolle und vielleicht gläubige Art reden. Ich glaube nicht, daß je ein Mensch dadurch errettet worden ist, daß jemand mit ihm in Verzweiflung gesprochen hat; aber das fröhliche Wort hoffnungsvoller Liebe bricht sich Bahn. Glaubt, daß das harte Herz gebrochen, des Lästerers Zunge gereinigt, des Verfolgers Gemüt geändert und daß der Empörer noch zum Gehorsam gegen den gekreuzigten Christum gebracht und ein heller Stern im Himmel Gottes werden kann.

Liebe Brüder, ich bitte euch also, übt euch mehr denn je in der Fürbitte, da die Macht von Gott ist und die Fürbitte euch tauglich macht, von Gott gebraucht zu werden, und euch auch viel Hoffnung gibt in bezug auf die, mit denen ihr es zu tun habt.

Dies ist ein Werk, worin ihr alle helfen könnt. Wenn ich heute morgen zu euch käme und sagte: »Brüder und Schwestern, des Herrn Sache erfordert Geld«, so weiß ich aus langer Erfahrung, daß ihr euer Bestes tun würdet; doch sind einige hier, die gezwungen wären, zu erwidern: »Die Bedürfnisse meiner Familie erlauben mir nicht, in dieser Richtung etwas zu tun.« Aber wenn wir um Fürbitte nachsuchen, so kann kein Christ sagen: »Ich kann nicht bei Gott bitten.«

Wenn ich euch in diesem Augenblick die Notwendigkeit für mehr öffentliches Predigen ans Herz legen wollte, so würden viele meiner Hörer sich mit Recht entschuldigen können, denn sie haben eine schwere Zunge und sind ohne Redegabe. Aber, o Brüder und Schwestern, wenn es zum Fürbitten kommt, so könnt ihr alle dies Amt erfüllen und könnt dadurch einen Anteil an allen großen Werken der Gemeinde haben.

Ich habe von einer heiligen Frau gehört, die zu sagen pflegte: »Ich kann nicht predigen, aber ich kann meinem Prediger durch mein Gebet helfen, es zu tun. Deshalb will ich jedesmal, wenn ich ihn auf die Kanzel treten sehe, beten, daß Gott sein Wort segne, und so werde ich einen Anteil an dem haben, was er tut.« Wenn ihr von einem Missionar hört, der irgendwo in einem fremden Land arbeitet, so betet für ihn, dann werdet ihr seine Mitarbeiter. Geliebte, einige von euch sind oft körperlich leidend und haben während der langen Nacht nur wenig Schlaf – wißt ihr, warum der Herr euch wach hält? Damit ihr, während andere schlafen, für sie beten möget. Gott muß einige haben, die Nachtwache halten. Er bestimmt, daß eine Gebetswache um seine Gemeinde Tag und Nacht Wache halte – ihr seid die Posten dieser Wachen. Ihr könnt nichts anderes tun, aber ihr könnt beten, und dadurch könnt ihr einen Anteil an den edelsten Arbeiten der Gemeinde erhalten.

Nun beachtet, David deutet uns hier an, daß manche von denen, für die wir beten, nichts um unsere Gebete geben und durch ihre Sünden in großes Unglück kommen; das ist die Zeit, in der wir ernster in der Fürbitte für sie sein sollten. Wenn ich viele Jahre lang zu einem ungöttlichen Mann gesprochen habe und der über alles gelacht hat, was ich sagte, dann will ich den Entschluß fassen: »Ich will nie aufhören, für ihn zu beten. Vielleicht werde ich ihn eines Tages krank finden, und dann wird er um die Gebete bitten, die er jetzt verwirft. Vielleicht werde ich ihn mit einem zerbrochenen Herzen finden, und dann werden die Worte, die er jetzt verspottet, seinem Geschmack sehr süß sein.«

Ihr, die ihr nach Seelen sucht, müßt dabei bleiben. Wer beim Seelen-Gewinnen kurzatmig ist, wird nicht viel Erfolg haben. Folgt den Verlorenen! Folgt ihnen! Folgt ihnen bis an die Pforten der Hölle! Wenn sie einmal durch diese Pforten gegangen sind, sind eure Gebete unzulässig und unwirksam; aber bis an den Rand des höllischen Abgrundes folgt ihnen, folgt ihnen mit eurem Beten. Wenn sie euch nicht sprechen hören wollen, so können sie doch nicht euer Beten hindern. Spotten sie über eure Ermahnungen? Sie können euch nicht in euren Gebeten stören, denn sie wissen nicht, wann ihr sie darbringt. Sind sie weit weg, so daß ihr sie nicht erreichen könnt? Eure Gebete können sie nicht erreichen; ihr könnt sie immer noch segnen. Haben sie erklärt, daß sie euch nie wieder anhören, noch euer Gesicht sehen wollen? Tut nichts, Gott hat eine Stimme, die sie hören müssen – sprecht zu ihm, und er wird machen, daß sie fühlen. Obwohl sie euch jetzt verächtlich behandeln und Gutes mit Bösem vergelten, folgt ihnen, folgt ihnen, folgt ihnen mit euren Gebeten; laßt sie niemals umkommen aus Mangel an Fürbitte.

Die Zeit mag kommen, wo die, bei welchen es am längsten gedauert, ehe sie ihre Herzen Christus ergaben, uns tausendmal für alle unsere Anstrengungen und Fürbitten belohnen werden. Ich habe zuweilen einen großen Sünder, wenn er gerettet war, ebenso nützlich werden sehen, wie zwanzig gewöhnliche Bekehrte; denn in dem Maße, wie er schwer zu gewinnen war, wurde er nützlich, als er gewonnen war. Wir erwarten nicht, daß jeden Tag ein Saulus zu einem Paulus gemacht werde; aber wenn es geschieht, dann ist die Kirche in der Tat reich, denn ein Paulus ist tausend gewöhnliche Gläubige wert. Deshalb haltet an, für sie zu beten, es sei zu rechter Zeit oder zur Unzeit, bis sie zu Christus gebracht werden.

Das eine, das ich heute wünsche, ist, daß meine lieben Brüder und Schwestern sich verpflichteten, dringender im Gebet für Sünder um uns her zu sein. Wie vor Abraham liegt auch vor uns eine große Stadt – laßt uns für sie beten; wie Moses wohnen wir unter einem sündigen Volk – laßt uns für diese Menschen beten. Ich beschwöre jedes Glied dieser Gemeinde bei seiner Treue gegen Gott und wenn es nicht bei dem abgelegten Bekenntnis eine Lüge gesprochen hat, so betet für die Ungöttlichen, daß sie zu Jesus gebracht werden. Fleht vor Gott, fleht; er liebt eure Gebete; eure Fürbitten sind wie der süße Weihrauch auf dem goldenen Altar. Fleht zu ihm, und ihr werdet erleben als Lohn für euer Flehen die Bekehrung von Menschenkindern. Geht heim und macht heute noch eure Kinder zu besonderen Gegenständen euerer Gebete; fleht den Herrn an, euren Mann oder eure Frau, eure Verwandten und eure nächsten Nachbarn zu erretten. Fleht einen Segen herab auf die regelmäßigen Zuhörer in diesen Versammlungen, die unwiedergeboren bleiben; dann nehmt die Straßen, nehmt die Stadtviertel, in denen ihr lebt, und betet um eine Gnadenheimsuchung – es wird euch nie an Personen fehlen, für die ihr beten könnt. Deshalb haltet an mit Flehen. Es ist erst einige Tage her, daß ich vier Ehemänner sah, die zu Gott bekehrt waren, aber ihre Frauen waren außerhalb der Gemeinde geblieben. Und diese vier Brüder – wahrscheinlich sind heute alle hier – kamen zum Gebet für die Bekehrung ihrer Frauen zusammen, und am ersten Abendmahls-Sonntag im letzten Monat wurden alle vier Frauen in die Gemeinde aufgenommen in Erhörung des Gebets der vier Männer. »Alle Dinge sind möglich dem, der da glaubt.« Gott helfe uns, zu glauben und Fürbitte zu tun, und dann sende er seinen Segen um Christi willen. Amen.

X. Das Gebet eines bekehrten Christenhassers

»Denn siehe, er betet.« Apostelgeschichte 9,11

Es fehlt Gott nicht an Wegen, die Verfolgung auszulöschen. Er duldet nicht, daß seine Gemeinde durch ihre Widersacher verletzt oder durch ihre Feinde überwältigt wird, und er besitzt viele Mittel, um den Weg der Gottlosen zu verkehren oder ihn ganz zunichte zu machen. Auf zweierlei Art erreicht er gewöhnlich seinen Zweck: zuweilen durch die Demütigung des Verfolgers, und zu andern Malen auf eine gesegnetere Weise: durch seine Bekehrung. Zuweilen verwirrt er seine Feinde und schlägt sie nieder; er macht den Wahrsager zum Narren, er läßt den Mann, der sich wider ihn erhebt, in sein eigenes Verderben rennen und verdirbt's so denen, die zur Gemeinde Gottes schadenfroh zu sagen hofften: »Eja; das sehen wir gerne.« Doch zu andern Malen, wie im vorliegenden Fall bei Saulus, bekehrt er den Verfolger. So verwandelt er den Feind in einen Freund. Er macht den Menschen, der ein Bekämpfer des Evangeliums war, zu einem Streiter für dasselbe. Aus der Finsternis ruft er das Licht hervor, aus dem Fresser weiß er Speise zu ziehen; ja, aus steinernen Herzen erweckt er dem Abraham Kinder. So war es mit Saulus der Fall. Man kann sich keinen wütenderen Verfolger denken. Er war mit dem Blute des Stephanus bespritzt worden, als sie ihn zu Tode steinigten; so geschäftig war er in seiner Grausamkeit, daß »die Zeugen ihre Kleider zu den Füßen eines Jünglings ablegten, der Saulus hieß«. Da er zu Jerusalem in der Schule des Gamaliel wohnte, kam er beständig in Berührung mit den Jüngern des Mannes von Nazareth; er verlachte sie, er verhöhnte sie, wenn sie auf der Straße gingen; er verschaffte sich Verhaftungsbefehle gegen sie, daß er sie zum Tode führte; und jetzt, um dem Ganzen die Krone aufzusetzen, wird dieser Werwolf, nachdem er einmal Blut gekostet hat, ganz närrisch; er entschließt sich, nach Damaskus zu gehen, um sich mit dem Blute der Christen vollzutrinken; er will sie binden und sie nach Jerusalem bringen, damit sie da erdulden, was er als eine gerechte Strafe ihrer Ketzerei und ihres Abweichens von ihrer alten Religion betrachtete. Doch ach, wie wunderbar war die Macht Gottes! Jesus hält diesen Mann in seiner törichten Laufbahn auf. Gerade als er mit eingelegter Lanze gegen Christus anstürmte, trat ihm Christus entgegen, hob ihn aus dem Sattel, warf ihn zu Boden und fragte ihn: »Saul, Saul, was verfolgst du mich?« Dann nahm er gnadenreich sein ungehorsames Herz von ihm, gab ihm ein neues Herz und einen gewissen Geist, gab seinem Wollen und Begehren eine andere Richtung, führte ihn nach Damaskus, warf ihn für drei Tage und drei Nächte in den Staub, sprach mit ihm, ließ geheimnisvolle Töne durch seine Ohren gehen, entzündete seine ganze Seele. Und als er endlich aus jener dreitägigen Entzückung erwachte und zu beten anfing, da stieg Jesus vom Himmel herab, erschien dem Ananias im Gebet und sprach: »Steh auf und geh in die Gasse, die da heißt die gerade, und frage in dem Hause Judas nach Saul, mit Namen von Tarsen; denn siehe, er betet.«

Unser Text enthält erstens eine Ankündigung: »Siehe *er betet*«; dann aber auch einen Grund: »*Denn* siehe, er betet.« Zum Schluß wollen wir eine Anwendung unseres Textes auf unsere Herzen machen. Es ist dies zwar Gottes Werk allein; wir vertrauen ihm aber, daß er sich zu dem Wort bekennen werde, das heute wieder unter uns gepredigt werden soll.

1. »Siehe, er betet.«

Laßt mich euch ohne Umschweife sagen, daß hier etwas verkündigt wurde, was den Himmel in Bewegung setzte, worüber sich die Engel freuten, worüber Ananias in Verwunderung geriet und was für den Saulus selbst eine Neuigkeit war.

Es wurde hier etwas verkündigt, das den Himmel in Bewegung setzte. Der arme Saul fühlte sich angetrieben, um Barmherzigkeit zu schreien, und im Augenblick, wo er zu beten anfing, fing Gott an zu hören. Habt ihr beim Lesen des Kapitels wahrgenommen, wie aufmerksam Gott auf Saul war? Er wußte die Straße, wo er wohnte – »Geh in die Gasse, die da heißt die gerade.« Er wußte das Haus, in dem er sich aufhielt – »Frage in dem Hause Judas.« Er wußte seinen Namen – »er hieß Saul«. Er wußte, woher er kam – »Frage nach Saul von Tarsen.« Und er wußte, daß er gebetet hatte – »Siehe, er betet.« Oh, es ist eine herrliche Tatsache, daß der Himmel auf unsere Gebete acht hat! Da ist ein armer Sünder, der zerbrochenen Herzens sein Kämmerlein aufsucht, seine Knie beugt, seinen Schmerz aber nur in der Sprache der Seufzer und Tränen ausdrücken kann – doch siehe, dieser Seufzer hat alle Himmelsharfen in Bewegung gesetzt; diese Träne ist von Gott aufgefaßt und in den Tränensack des Himmels getan worden, um da für immer aufbewahrt zu werden. Der Beter, der vor lauter Furcht nicht zu Worte kommen kann, findet bei Gott ein geneigtes Gehör. Er mag nur eine schnelle Träne vergießen, doch – »Gebet ist das Fallen einer Träne«. Tränen sind die Diamanten des Himmels; Seufzer bilden einen Teil der Musik im Heiligtume; denn obgleich Gebet die schlichten Worte sind, die Kinder lallen können, sind sie doch auch die hehren Melodien, die zu dem Himmel dringen.

Laßt mich einen Augenblick bei diesen Gedanken verweilen. Man hat im Himmel auf unsere Gebete acht. O ich weiß, welchen Gedanken viele unter euch sich hingeben: Ihr sprecht in eurem Wahn: »Was nützt es, daß ich mich zu Gott wende, daß ich ihn suche? Ich bin ja ein so unbedeutender, so schuldiger und elender Mensch, daß ich mir gar nicht denken kann, warum er auf mich acht haben sollte.«

Liebe Freunde, laßt diese heidnischen Vorstellungen fahren; unser Gott ist kein Gott, der in einem beständigen Traum dasitzt; auch kleidet er sich nicht in so dicke Finsternis, daß er nicht sehen könnte; er ist nicht gleich dem Baal, der nicht hört. Wahr ist es: er mag die Kriege nicht sehen; er will nichts von der Pracht und Herrlichkeit der Könige; er hört nicht auf die Töne kriegerischer Musik; er kümmert sich nicht um den Triumph und Stolz des Menschen. Wo aber ein Herz voll Traurigkeit ist, wo ein Auge in Tränen schwimmt, wo eine Lippe vor Angst bebt, wo man in Buße seufzt und stöhnt, da ist Gottes Ohr weit offen. Er zeichnet es in das Register seines Gedächtnisses ein. Er legt unsere Gebete wie Rosenblätter in sein Gedenkbuch hinein, und wenn das Buch dereinst geöffnet wird, wird ein köstlicher Wohlgeruch daraus aufsteigen.

O armer Sünder von der schlimmsten und schwärzesten Art: Gott hört deine Gebete, und eben jetzt hat er von dir gesagt: »Siehe, er betet.« Wo war es? In einer Scheune. Wo war es? Im Kämmerlein. War es an deinem Bette heute morgen oder in diesem Gotteshaus? Schaust du jetzt gerade zum Himmel auf? Sprich, armes Herz. Habe ich deine Lippen eben jetzt es flüstern hören: »Gott sei mir Sünder gnädig?« Ich sage dir, Sünder, es gibt etwas, das schneller läuft als der Telegraph. Ihr wisset, daß wir jetzt in einigen Minuten eine Botschaft absenden und Antwort darauf erhalten können; doch ich lese von etwas in der Bibel, das noch geschwinder ist als der elektrische Strom: »Ehe sie rufen, will ich antworten; wenn sie noch reden, will ich hören.« Gott hat also acht auf dich, armer Sünder; ja, du wirst von dem gehört, der auf dem Throne sitzt.

Wiederum war dies die Ankündigung einer Tatsache, die dem Himmel Freude machte. Unserm Texte geht das Wort »Siehe« voran, denn ohne Zweifel blickte unser Heiland selbst mit Freude darauf hin. Nur einmal lesen wir von einem Lächeln auf dem Angesichte Jesu, als er sein Auge zum Himmel aufhob und ausrief: »Ich preise dich, Vater und Herr Himmels und der Erde, daß du solches den Weisen und Klugen verborgen hast und hast es den Unmündigen offenbart. Ja, Vater, denn es ist also wohlgefällig gewesen vor dir.« Der Hirte unserer Seelen freut sich, wenn er sehen darf, wie eines seiner Schafe sicher zur Herde gebracht ist; er triumphiert im Geiste, wenn ein Sünder vom Irrtum seines Weges umkehrt. Ich kann mir denken, daß, als er diese Worte zu Ananias sprach, ein Lächeln des Paradieses ihm aus den Augen geschienen haben muß. »Siehe, ich habe das Herz meines Feindes gewonnen, ich habe meinen Verfolger gerettet, eben jetzt beugt er sein Knie vor meinem Throne. Siehe, er betet.« Jesus selbst führte den Reigen und freute sich über den Neubekehrten mit Gesang; Jesus Christus war froh und freute sich mehr über dieses verlorene Schaf als über neunundneunzig, die nicht irregingen. Und die Engel freuten sich auch.

Ja, wenn einer von Gottes Auserwählten geboren wird, umstehen Engel seine Wiege. Er wächst auf und gerät in Sünden hinein – die Engel folgen und gehen ihm überall nach; sie sehen mit Betrübnis auf seine vielen Verirrungen; der Schutzengel läßt eine Träne fallen, so oft sein Geliebter sündigt. Jetzt aber leiht der Mensch der Predigt des Evangeliums sein Ohr. Der Engel sagt: »Siehe, er fängt an zu hören.« Er wartet eine kleine Weile; das Wort sinkt in sein Herz, Tränen rollen seine Wangen herab, und endlich ruft er aus seiner innersten Seele: »Gott, sei mir gnädig!« Siehe, der Engel schlägt seine Flügel zusammen, er fliegt zum Himmel empor und spricht: »Ihr Engel, liebe Brüder, höret mich: Seht, er betet.« Dann läuten sie die Himmelsglocken; sie feiern ein Freudenfest in der Herrlichkeit; sie singen im süßesten Tone. »Denn wahrlich, ich sage euch: Es ist Freude im Himmel bei den Engeln Gottes über einen Sünder, der Buße tut.« Sie warten, bis wir beten, und wenn wir beten, sagen sie zueinander: »Siehe, er betet.«

Überdies, meine Lieben, mag es noch andere Geister im Himmel geben, die sich freuen, außer den Engeln. Diese Personen sind unsere Freunde, die vor uns heimgekommen sind. Ich habe nicht viele Verwandte im Himmel, doch habe ich eine, die ich innig liebe, die zweifellos oft für mich gebetet hat, denn sie verpflegte und erzog mich während eines Teils meiner Kindheit, und jetzt sitzt sie als eine Selige vor dem Throne – plötzlich von hinnen gerufen. Es ist mir, als schaute sie auf ihren lieben Enkelsohn herab, und als sie ihn auf den Wegen der Sünde, des Lasters und der Torheit sah, konnte sie nicht weinend herabschauen, denn es gibt keine Tränen in den Augen der Verklärten; sie konnte nicht bekümmert herabschauen, denn von einem solchen Gefühl weiß man vor dem Throne Gottes nichts. Doch in dem Augenblick, wo ich durch die Gnade des Höchsten genötigt wurde zu beten, wo ich ganz allein mein Knie beugte und mit Gott rang, da deuchte es mich, ich sehe sie, wie sie sprach: »Siehe, er betet; siehe, er betet.« Ich kann mir ihr Angesicht vorstellen; sie schien zwei Himmel für einen Augenblick zu haben, eine doppelte Seligkeit, einen Himmel in mir sowohl als in sich, als sie sagen konnte: »Siehe, er betet.«

Du Jüngling, in jenen Himmelsweiten wandelt deine Mutter durch Salems goldene Gassen! Sie schaut in dieser Stunde auf dich herab; sie verpflegte dich; an ihrer Brust lagst du als ein hilfloses Kind, und sie weihte dich dem Herrn Jesus. Vom Himmel aus hat sie dich mit jener ernsten Sorgfalt überwacht, die sich recht wohl mit der Seligkeit verträgt. Diesen Morgen schaut sie auf dich herab. Was sagst du, Jüngling? Spricht Christus diesen Morgen in dein Herz hinein: »Komm zu mir?« Läßt du Tränen der Buße fallen? Mich deucht, ich sehe deine Mutter, wie sie ausruft: »Siehe, er betet.« Noch einmal beugt sie sich vor dem Throne Gottes und spricht: »Ich danke dir, o du gnädiger Gott, daß der, der mein Kind auf Erden war, jetzt dein Kind im Lichte geworden ist.«

Doch wenn jemand im Himmel ist, den die Bekehrung eines Sünders ganz besonders freut, so ist es ein Prediger des Evangeliums, einer von Gottes redlichen Knechten. Ihr könnt euch nicht vorstellen, wie lieb ein solcher Knecht Gottes eure Seelen hat. Vielleicht denkt ihr, es sei etwas Leichtes, hier zu stehen und euch zu predigen. Gott weiß, wenn das alles wäre. Doch wenn wir daran denken, daß, wenn wir zu euch reden, eure Seligkeit oder Verdammnis einigermaßen von dem abhängt, was wir sagen; wenn wir erwägen, daß, wenn wir untreue Wächter sind, Gott euer Blut von unsern Händen fordern wird – o guter Gott, wenn ich bedenke, daß ich Tausenden, vielen Tausenden in meinem Leben gepredigt und vielleicht vieles gesagt habe, das ich nicht hätte sagen sollen, erschreckt es mich, macht es mich zittern und beben.

Luther sagte, er könne seinen Feinden ins Auge sehen; aber er könne nicht seine Kanzel hinaufgehen, ohne daß seine Knie schlotterten. Predigen ist kein Kinderspiel; es ist nicht etwas, was man leicht und sorglos tun kann; es ist etwas Feierliches, etwas furchtbar Verantwortliches, wenn man es in seinen Beziehungen zur Ewigkeit betrachtet. Wie ein redlicher Seelsorger für euch betet! Wenn ihr unter dem Fenster eines Studierzimmers hättet horchen können, würdet ihr ihn jeden Sonntag abend über seine Predigten haben seufzen hören, weil er nicht eindringlicher gesprochen hatte; ihr hättet ihn mit Gott ringen und sagen hören: »Wer glaubt unserer Predigt? Wem ist der Arm des Herrn offenbar?«

Wenn er euch beobachtet von seiner Ruhe im Himmel, wenn er euch beten sieht – wie wird er seine Hände zusammenschlagen und sagen: »Siehe, das Kind, das du mir gegeben hast, siehe, es betet!« Wenn wir jemand sehen, dem wir zur Erkenntnis des Herrn haben verhelfen dürfen, ist es uns fast zumute wie demjenigen, der einen Mitmenschen vom Tode des Ertrinkens errettet hat. Ich sehe einen armen Menschen im Wasser; er kämpft mit den Wellen; er sinkt unter, er muß ertrinken; doch ich springe hinein, fasse ihn entschlossen an, bringe ihn an das Ufer und lege ihn auf den Boden. Der Arzt kommt, sieht ihn an, befühlt ihn und sagt: Ich fürchte, er ist tot. Wir wenden alle Mittel an, die in unserer Gewalt sind, wir tun alles, was wir können, um ihn ins Leben zurückzurufen. Ich bin dieses Mannes Erretter gewesen und nun beuge ich mich nieder und lege mein Ohr an seinen Mund! Endlich sage ich: »Er atmet, er atmet!« Was für eine Wonne liegt in diesem Gedanken: Er atmet; es ist noch Leben da! So ist es, wenn wir einem betenden Menschen begegnen; wir rufen aus: Er atmet; er ist nicht tot, er lebt; denn so lange ein Mensch betet, ist er nicht tot in Sünden und Übertretungen, sondern zum Leben gebracht, lebendig gemacht durch die Macht des Geistes.

»Siehe, er betet.« Das war eine fröhliche Botschaft im Himmel, und darauf hatte Gott acht.

Dann war dies aber weiter ein Ereignis, das auch den Menschen höchst erstaunlich vorkam. Ananias hob seine beiden Hände verwundert empor. »O Herr, von diesem Manne würde ich am allerletzten geglaubt haben, daß er betete! Ist es möglich?«

Ich weiß nicht, wie es bei anderen Predigern ist; doch zuweilen schaue ich auf den oder jenen in der Gemeinde und sage: »Nun, sie geben mir viel Hoffnung; ich glaube, mein Meister wird sie mir schenken. Ich bin fast sicher, daß etwas in ihnen vorgeht, und ich hoffe, sie bald erzählen zu hören, was der Herr an ihren Seelen getan hat.«

Bald aber sehe ich vielleicht nichts mehr von ihnen und muß sie endlich ganz vermissen; doch an ihrer Statt schenkt mir mein Herr einen, für den ich keine Hoffnung habe, einen Ruchlosen, einen Trunkenbold, einen Auswürfling – zum Preis seiner herrlichen Gnade. Dann hebe ich meine Hände verwundert empor und denke: »An dich würde ich zu allerletzt gedacht haben!«

Ich erinnere mich eines Umstandes, der sich erst vor kurzem zutrug. Es war ein armer Mann, ungefähr sechzig Jahre alt; er war ein roher Matrose gewesen, einer von den schlimmsten Männern im Dorfe; er war dem Trunk ergeben, und es schien ihm Freude zu machen, wenn er recht fluchen und schwören konnte. Er kam indes an einem Sonntag in die Kirche, als gerade einer meiner nahen Verwandten über den Text predigte, in dem Jesus über Jerusalem weint. Und der arme Mann dachte: »Was? Hat Jesus über einen so elenden Menschen, wie ich bin, geweint?« Er meinte, er sei zu schlecht, als daß Christus sich um ihn bekümmern sollte. Endlich kam er zu dem Prediger und sprach: »Lieber Herr, sechzig Jahre bin ich unter der Fahne des Teufels gesegelt; es ist Zeit, daß ich einen neuen Herrn bekomme; ich will das alte Schiff in den Grund bohren und ganz versenken; dann werde ich ein neues Schiff bekommen und unter der Fahne des Fürsten Immanuel segeln.« Von diesem Augenblick an war dieser Mann ein Beter, der vor Gott in aller Aufrichtigkeit wandelte. Und doch war er der allerletzte Mensch, an den man gedacht haben würde.

Es ist Gottes Art, so zu verfahren. Er kümmert sich nicht um Diamanten, sondern hebt die Kieselsteine auf, denn er ist imstande, »dem Abraham aus Steinen Kindern zu erwecken«. Gott ist weiser als der Chemiker. Er reinigt nicht bloß das Gold, sondern verwandelt das unedle Metall in köstliche Juwelen; er nimmt die Schmutzigsten und Elendesten und bildet sie zu herrlichen Wesen; macht zu Gerechten, die Sünder gewesen sind, und heilig, die unheilig gewesen sind.

Die Bekehrung des Saulus war etwas Wunderbares, Geliebte, doch nicht wunderbarer, als daß ich und ihr Christen geworden sind. Laßt mich euch fragen, was ihr geantwortet haben würdet, wenn noch vor wenigen Jahren euch jemand gesagt hätte, ihr würdet zur Bürgerschaft Israels gehören und Glieder am Leibe Jesu sein? »Unsinn, Narrenpossen«, würdet ihr gesagt haben, »ich bin keiner von euren singenden Methodisten; ich will vom Christentum nichts wissen; ich will denken und handeln, wie mir's gefällt«. Haben wir nicht so gesprochen, und wie in aller Welt sind wir hierher gekommen? Wenn wir die Veränderung ansehen, die mit uns vorgegangen ist, so erscheint es uns wie ein Traum. Gott hat viele in unseren Familien übergangen, die besser waren als wir, und warum hat er uns erwählt? Ist es nicht wunderbar! Könnten wir nicht wie Ananias unsere Hände voll Erstaunen aufheben und sprechen: »Siehe, siehe, siehe, es ist ein Wunder auf Erden, ein Wunder im Himmel?«

Das Letzte, was ich hier zu sagen habe, ist, daß diese Tatsache selbst für Saulus eine Neuigkeit war: »Siehe, er betet.« War denn das etwas Ungewöhnliches? Saul pflegte zweimal am Tage um die Stunde des Gebets in den Tempel zu gehen. Wenn ihr ihn hättet begleiten können, würdet ihr ihn schön haben reden hören, etwa in folgenden Worten: »Herr, ich danke dir, daß ich nicht bin wie andere Leute; ich bin kein Räuber, kein Zöllner; ich faste zweimal in der Woche, ich gebe den Zehnten von allem, was ich habe«; und sofort. Oh, ihr hättet ihn finden können, wie er eine kunstvolle Rede vor dem Throne Gottes hielt. Und doch heißt es: »Siehe, er betet.«

Hatte er denn vorher nie gebetet? Nein, nie. Alles, was er vorher getan hatte, war ohne Wert; es war kein Gebet.

Ich habe von einem alten Herrn gehört, den man als Kind folgendes Gebet lehrte: »Ich bitte dich, lieber Gott, segne meinen Vater und meine Mutter«, und dieses Gebet betete er siebzig Jahre fort, als seine Eltern längst tot waren. Hernach gefiel es Gott in seiner unendlichen Barmherzigkeit, sein Herz zu rühren, und er gelangte zu der Einsicht, daß er trotz der Zähigkeit, mit der er an der Form festhielt, gar nie gebetet hatte; er hatte oft seine Gebete hergesagt, aber nicht gebetet.

So war es mit Saulus. Er hatte seine prächtigen Reden gehalten; doch sie hatten keinen Wert. Er hatte mit seinen langen Gebeten gar nichts erreicht.

Wie der Mensch dasteht! Er spricht schöne und zierliche Verse vor des Allmächtigen Thron; doch Gott sitzt in ruhiger Gleichgültigkeit da und achtet gar nicht darauf. Dann versucht es der Mensch auf andere Weise; er kauft sich ein Buch, beugt seine Knie abermals und betet das beste alte Gebet, das je zusammengesetzt werden konnte; doch der Allerhöchste kehrt sich nicht darum. Endlich wirft der Arme das Buch weg, vergißt seine schönen Verse und sagt: »Oh, Herr, höre mich um Christi willen.« »Ihn hören?« sagt Gott, »ich habe ihn gehört. Ich gewähre dir deine Bitte.« Ein herzliches Gebet ist besser als zehntausend Formen. Ein Gebet, das aus der Seele kommt, ist besser als eine Myriade kalter Vorlesungen. Die Gebete, die nur dem Munde und Kopfe entspringen, verabscheut Gott; er mag die, die aus der Tiefe des Herzens kommen. Vielleicht würdet ihr mich für unverschämt halten, wenn ich euch sagte, daß Hunderte diesen Morgen hier sind, die nie in ihrem Leben gebetet haben. Von einigen bin ich es ganz gewiß. Es sitzt ein junger Mensch da drüben, der seinen Eltern beim Abschied versprach, er würde jeden Morgen und Abend sein Gebet hersagen. Doch er schämt sich dessen jetzt, er hat es aufgegeben. Nun, was willst du tun, wenn du sterben mußt? Wirst du das Losungswort an den Toren des Todes haben? Wirst du dich in den Himmel hineinbeten? Nein; du wirst nichts haben und nichts erlangen, sondern von Christus weit weggetrieben und verworfen werden.

2. »Denn siehe, er betet.«

Es war dies vor allen Dingen ein Grund für Ananias' Sicherheit. Der arme Ananias fürchtete sich, zu Saulus zu gehen; er dachte, es sei dies ebenso gut, als wenn er in eine Löwenhöhle träte. »Wenn ich in sein Haus gehe«, dachte er, »ergreift er mich, sobald er mich sieht, und führt mich nach Jerusalem, denn ich bin einer von Christi Jüngern; ich kann nicht gehen.« Gott aber sagt: »Sei unbesorgt, denn siehe, er betet.« »Nun«, sagt Ananias, »das genügt mir. Wenn er betet, wird er mir nichts zuleid tun; wenn seine Andacht eine wahre ist, bin ich sicher.«

Ja, einem Menschen, der betet, darf man immer trauen. Ich weiß nicht, wie es kommt, daß selbst gottlose Menschen einen redlichen Christen stets hochachten. Ein Herr hat gern einen gläubigen Knecht; wenn er auch selbst nichts auf die Religion hält, so hat er doch gern einen frommen Knecht und wird ihm eher trauen als einem andern. Es ist wahr, es gibt Leute, die immer Gebete herunterreden, doch keinen Gebetsgeist in sich haben. Doch wo ihr einen Menschen findet, der wirklich betet, dem dürft ihr trauen: Denn wenn er wirklich betet, braucht ihr euch nicht vor ihm zu fürchten. Wer im geheimen mit Gott verkehrt, dem darf man öffentlich trauen. Es ist mir immer wohl bei einem Menschen, der vor dem Gnadenthrone erscheint.

Ich habe eine Anekdote von zwei Herren gehört, die miteinander die Schweiz bereisten. Ihr Weg führte sie durch dichte Wälder, und ihr wißt, was für schauerliche Geschichten man sich von den darin befindlichen Wirtshäusern erzählt, wie mancher Reisende dort schon ermordet worden sei. Als sie nun vor einem solchen Wirtshaus ankamen, sagte der eine von ihnen, ein Ungläubiger, zu dem andern, der ein Christ war:

»Hier mag ich gar nicht einkehren; es ist wirklich sehr gefährlich.«

»Nun«, sagte der andere, »wir wollen es einmal versuchen.«

Sie gingen also ins Haus: Aber es sah so verdächtig aus, daß es ihnen bange wurde, und sie dachten, wie viel besser es wäre, zu Hause im lieben Vaterlande zu sein. Sogleich aber sagte der Wirt:

»Meine Herren, ich pflege vor dem Schlafengehen mit meiner Familie zu lesen und zu beten; darf ich es heute abend auch so halten?«

»Ja«, erwiderten sie, »es ist uns ganz erwünscht.«

Als sie die Treppe hinaufgingen, sagte der Ungläubige: »Jetzt fürchte ich mich gar nicht mehr.«

»Warum?« fragte der Christ.

»Weil unser Wirt gebetet hat.«

»Oh«, sagte der andere, »dann halten Sie doch etwas auf die Religion; weil ein Mensch betet, können Sie in seinem Hause schlafen!« Und es war wunderbar, wie gut sie schliefen. Sie hatten liebliche Träume, denn sie fühlten, daß, wo das Haus mit Gebet bedacht und von der Andacht ummauert worden war, sich kein lebendiger Mensch finden konnte, der ihnen hätte Schaden zufügen wollen. Dies war also ein Grund für den Ananias, warum er zu Saulus ohne Furcht gehen konnte.

Doch noch mehr als das war es auch ein Zeugnis für die Aufrichtigkeit des Paulus. Herzensgebet beweist am allerbesten, daß es uns mit unserm Christentum ernst ist. Wenn Jesus zu Ananias gesagt hätte: »Siehe, er predigt«, würde Ananias gesagt haben: »Das mag er tun und doch ein Betrüger sein.« Wenn er gesagt hätte: »Er wohnt einer Versammlung in der Gemeinde bei«, würde Ananias gesagt haben: »Er kann als ein Wolf in Schafskleidern hineingegangen sein.« Doch als er sagte: »Siehe, er betet«, ließ sich nichts mehr einwenden.

Ein junger Mensch kommt und sagt mir, was er gefühlt und was er getan habe. Endlich sage ich: »Knie nieder und bete.« »Oh, das mag ich nicht.« »Du sollt aber.« Er fällt auf seine Knie nieder, er kann kaum ein Wort herausbringen; er fängt an zu seufzen und zu schreien, und da liegt er auf seinen Knien, bis er endlich herausstammelt: »Herr, sei mir Sünder gnädig; ich bin der große Sünder; sei mir gnädig!« Dann bin ich etwas mehr befriedigt und sage: »Ich habe auf all dein Gerede nicht geachtet, ich wollte dich beten hören.« Doch wenn ich ihm jetzt nach Hause folgen, wenn ich ihn allein beten sehen könnte, dann wäre ich ganz beruhigt, denn wer im Verborgenen betet, ist ein wahrer Christ.

Das bloße tägliche Leben aus einem Andachtsbuche beweist nicht, daß du ein Kind Gottes bist; wenn du aber im Verborgenen betest, dann ist es dir mit deinem Christentum ernst; und ein kleines Wörtlein, tief empfunden aus dem Herzen Gottes und in die Ewigkeit hineingeseufzt, ist besser als Berge von Gebetsformularen. Herzensfrömmigkeit ist die beste Frömmigkeit. Wer betet, hört auf zu sündigen – und wer sündigt, hört auf zu beten. Innerliches, verborgenes Gebet beweist, daß du wirklich bekehrt bist.

Ein Mensch kann bei aller Redlichkeit doch irren. Paulus trug der Wahrheit ein redliches Herz entgegen. »Siehe, er betet«, war der beste Beweis, daß es ihm mit seiner Religion ernst war. Wenn jemand von mir verlangte, ihm mit einem Worte zu sagen, was das Christentum sei, würde ich antworten: »Gebet.« Wenn man mich fragte, was die ganze christliche Lebenserfahrung in sich begreife, würde ich antworten: »Gebet.« Ein Mensch muß von der Sünde überzeugt werden, ehe er beten kann; er muß einigermaßen hoffen, daß Gnade für ihn vorhanden sei, ehe er beten kann. In Wahrheit, alle christlichen Tugenden sind in das Wort »Gebet« eingeschlossen.

Sage mir nur, daß du betest, und ich werde dir sogleich antworten: »Mein Lieber, ich zweifle nicht, daß du ein redlicher und aufrichtiger Christ bist.«

Nur noch einen Gedanken, und ich will diesen Gegenstand verlassen. Es war ein Beweis von dieses Mannes Erwählung, denn ihr lest gleich darauf: »Siehe, er ist mir ein auserwähltes Rüstzeug.« Ich begegne oft Leuten, die sich mit der Lehre von der Gnadenwahl viel zu tun machen. Ich bekomme hie und da Briefe, deren Absender mich tadeln, daß ich über die Gnadenwahl predige. Alles, was ich antworten kann, ist: »Da steht sie in meiner Bibel; geht und fragt meinen Meister, warum er sie hineingesetzt hat. Ich kann es nicht anders machen. Ich bin bloß ein Diener und bringe euch eine Botschaft vom Himmel. Wenn ich ein Bote wäre, würde ich meines Meisters Botschaft an der Türe nicht ändern. Nun bin ich aber ein Gesandter des Allerhöchsten und darf die Botschaft nicht ändern, die ich empfangen habe. Wenn sie nicht recht ist, so beschwert euch im himmlischen Hauptquartier. Sie lautet nun einmal so, und ich kann sie nicht ändern. So viel zur Erklärung.«

Einige fragen: »Wie kann ich wissen, ob ich ein Erwählter Gottes bin? Ich fürchte, ich bin kein Erwählter Gottes.« Wenn man von dir sagen kann: »Siehe, er betet«, kann man auch sagen: »Siehe, er ist ein auserwähltes Rüstzeug.« Hast du Glauben, so bist du ein Erwählter. Dies sind die Merkmale der

Erwählung. Wenn du keines von diesen Merkmalen an dir trägst, so hast du keinen Grund anzunehmen, daß du zum Volke des Eigentums gehörst.

Möchtest du gern glauben? Wünschest du, Christum zu lieben? Hast du den millionsten Teil eines Verlangens, zu Christus zu kommen? Und ist es dir ernst mit diesem Verlangen? Treibt es dich an, inbrünstig und mit Tränen zu beten? Wenn du diese Fragen bejahen kannst, darfst du an deiner Erwählung nicht zweifeln, denn wer in Aufrichtigkeit betet, ist von Gott vor Grundlegung der Welt erwählt, daß er heilig und unsträflich vor Christus sein sollte in der Liebe.

3. Was sagt uns dieser Text?

Ich bin mir vollkommen bewußt, daß ich euch die Wahrheit nicht so feierlich und eindringlich predige, wie ich sollte, »obwohl meine Sache des Herrn«, und mein Amt meines Gottes ist und der jüngste Tag offenbaren wird, daß mein Irrtum nur in mangelhafter Erkenntnis und nicht in aufrichtiger Liebe zu euren Seelen lag.

Zuerst erlaubt mir, zu den Kindern Gottes zu reden. Seht ihr nicht, meine lieben Brüder, daß, wenn ihr fleißig betet, dies das beste Kennzeichen eurer Gotteskindschaft ist? »Siehe, er betet.« Nun denn, folgt daraus nicht notwendig, daß, je mehr ihr vor dem Gnadenthrone erscheint, desto sicherer auch eure Erwählung ist? Vielleicht habt ihr das Zeugnis verloren; ihr wißt nicht, ob ihr Kinder Gottes seid oder nicht; ich will euch sagen, wo ihr es verloren habt – in eurem Kämmerlein. So oft ein Christ rückfällig wird, fängt sein Abweichen im Kämmerlein an. Ich spreche aus Erfahrung. Ich habe mich oft von Gott wegverirrt – nicht so, daß ich ganz aus der Gnade gefallen wäre, ich weiß es, aber ich habe oft den süßen Wohlgeruch seiner Liebe verloren. Ich bin in Gottes Haus gegangen, um zu predigen, doch ohne Kraft und Nachdruck; ich habe die Bibel gelesen, doch ohne erleuchtet zu werden; ich habe es versucht, Gemeinschaft mit Gott zu pflegen, doch es hat mir alles nichts genützt. Soll ich euch sagen, wo das anfing? Es fing in meinem Kämmerlein an. Ich hatte gewissermaßen aufgehört zu beten. Hier stehe ich und bekenne meine Fehler; ich gestehe, daß mein Abweichen von Gott immer im Kämmerlein beginnt. O Christen, möchtet ihr glücklich sein? Betet viel! Möchtet ihr siegen? Betet noch mehr!

Das Gebet ist das Schiff, das die reichste Fracht nach Hause bringt. Es ist der Boden, der die reichste Ernte gibt.

Bruder, wenn du des Morgens aufstehst und dein Geschäft so drängt, daß du dich mit einem oder zwei flüchtigen Gebetsworten in das Gewühl der Welt stürzest, und abends, matt und müde, Gott nur die Hefen des Tages gibst, so ist das eben ein Beweis, daß du keine Gemeinschaft mit ihm hast. Wenn wir ein so laues und schläfriges Christentum führen, so kommt dies eben daher, daß wir nicht mehr beten. Ihr Lieben, ich halte nichts von den Gemeinden unserer Tage, die nicht beten. Ich gehe hier in London von einem Gotteshaus zum andern, und ich sehe ziemlich große Versammlungen, doch wenn ich in ihre Betstunden an Werktagabenden gehe, finde ich vielleicht zwölf Personen. Kann Gott uns segnen, kann er seinen Geist über uns ausgießen, so lange die Dinge so stehen? Er könnte wohl; aber es wäre gegen seinen heiligen Willen, denn er spricht: »Wenn Zion Wehen kriegt, werden ihr Kinder geboren.« Geht in eure Kirchen und Kapellen mit dem Vorsatze, daß ihr mehr beten wollt. Viele von euch haben hier nichts zu tun. Ihr solltet in euren eigenen Kirchen und Kapellen sein. Ich will die Leute nicht von andern Gotteshäusern wegstehlen; ich habe Zuhörer genug. Doch obgleich ihr diesen Morgen gesündigt habt, solltet ihr euch meine Predigt möglichst zunutze machen. Geht heim und sagt eurem Pfarrer: »Herr Pfarrer, es muß mehr gebetet werden.« Treibt die Leute an, daß sie mehr beten. Haltet Betstunden, und wenn ihr auch ganz allein wäret; und wenn man euch fragt, wie viele da gewesen seien, könnt ihr sagen: »Vier.« »Vier! wieso?« »Nun, ich war da und Gott und Vater, Gott der Sohn und Gott der Heilige Geist, und wir haben reichen und gesegneten Umgang miteinander gehabt.« Ein rechter Gebetsgeist muß über uns ausgegossen werden, oder was soll aus unseren Gemeinden werden? Möge Gott uns alle erwecken und zum Beten antreiben, denn wer betet, der siegt.

Ich möchte euch diesen Morgen nehmen, wie Simson die Füchse nahm, möchte die Brände des Gebets an euch binden und euch in das Korn hineinschicken, bis alles verbrannt wäre. Ich möchte durch meine Worte ein Feuer anzünden und jede Gemeinde in Brand stecken, bis alles wie ein Opfer zu Gottes Thron aufstiege. Wer betet, beweist, daß er ein Christ ist; je weniger ihr betet, desto schlimmer steht es um euer Christentum, und wenn ihr im Beten ganz lasch geworden seid, habt ihr zu atmen aufgehört und müßt fürchten, daß ihr überhaupt nie geatmet habt.

Und nun mein letztes Wort an die Gottlosen. Freunde, ich möchte lieber an jedem andern Orte als hier sein, denn wenn den Frommen zu predigen schon schwer ist, um wie viel mehr den Unbekehrten und nicht Wiedergeborenen. Wir fürchten einerseits, wir möchten so zu euch reden, daß ihr im falschen Vertrauen auf eure eigene Kraft bestärkt werdet, während wir uns auf der andern Seite sorgen, wir möchten euch in den Schlaf der Trägheit und Sicherheit einlullen. Ich glaube, den meisten von uns sind die Schwierigkeiten, euch recht zu predigen, nicht verborgen – nicht, als ob wir zweifelten, daß euch etwas anderes als das Evangelium gepredigt werden dürfe – aber unser Wunsch ist, es so zu tun, daß wir dadurch eure Seelen gewinnen. Es geht mir wie einem Wächter, der, während er eine Stadt bewacht, vom Schlaf gequält wird; wie ist er so ernstlich bemüht, sich wach zu erhalten und der Schwachheit sich zu erwehren, die ihn übermannen möchte. Der Gedanke an seine Verantwortlichkeit läßt ihm keine Ruhe. Es mangelt ihm nicht an gutem Willen, sondern an Kraft; und so, hoffe ich, sind alle Wächter des Herrn bemüht, treu zu sein, während sie zu gleicher Zeit ihre Unvollkommenheit kennen. Es geht dem Diener Christi wirklich wie jenem alten Wärter im Leuchtturm zu Eddystone. Das Leben entfloh ihm schnell; doch raffte er alle seine Stärke zusammen und kroch noch einmal rings umher, um die Lichter anzuschnüren, ehe er starb. Möge der Heilige Geist uns in den Stand setzen, das Lärmfeuer hell zu erhalten, um euch vor den Felsen, Untiefen und dem Flugsand zu warnen, die euch umgeben, und möchten wir euch immer auf Jesus hinweisen und nicht auf den freien Willen oder die eigene Gerechtigkeit.

Wenn meine Freunde wüßten, wie sehr es mir um göttliche Leitung in einer so wichtigen Sache wie der Bußpredigt zu tun gewesen ist, würden sie nicht wähnen, meine Lehre sei falsch. Ich will Gottes Befehl Folge leisten, und wenn er mir sagt, ich solle den verdorrten Gebeinen predigen und sie werden leben, so muß ich es tun, wenn es auch anderen nicht gefällt, denn sonst würde ich in meinem eigenen Gewissen und von Gott verdammt werden.

Nun laßt mich mit allem Ernst, der einem Menschen zu Gebote steht, euch sagen, daß eine Seele, die nicht betet, eine christuslose Seele ist. So wahr der Herr lebt: Ihr, die ihr nie gebetet habt, seid ohne Gott, ohne Hoffnung und die Freude der Bürgerschaft Israels. Ihr, die ihr nie erfahren habt, was ein Seufzer oder eine rollende Träne ist, seid ohne göttliches Leben. Laßt mich euch fragen, ob ihr je bedacht habt, in welchem furchtbaren Zustande ihr euch befindet? Ihr seid fern von Gott und deswegen zürnt euch Gott, denn »dem Gottlosen zürnt Gott den ganzen Tag.« Oh, Sünder, hebe deine Augen auf und siehe das drohende Angesicht Gottes, denn er zürnt dir. Und ich beschwöre dich bei der Liebe, die du zu dir selbst hast, nur einen Augenblick zu erwägen, was aus dir werden wird, wenn du sterben solltest, wie du gelebt hast, also ohne Gebet. Denke nicht, ein einziges Gebet auf dem Totenbett ist gewöhnlich nur ein Possenspiel und hat keinen Wert; es ist eine Münze, die im Himmel nicht klingt, sie trägt das Gepräge der Heuchelei und ist von unedlem Metall. Seht euch wohl vor. Was wollt ihr anfangen, ihr, die ihr nie gebetet habt? Es wäre gut für euch, wenn der Tod ein ewiger Schlaf wäre; doch er ist es nicht. Möge Gott euch Gnade geben, daß ihr nie die Pein der Verlorenen fühlen müßt.

Ihr Lieben, wenn ihr den ewigen Qualen entfliehen, wenn ihr unter der Zahl der Gesegneten erfunden werden möchtet, es gibt hierzu nur ein Mittel – Gebet zu Jesus, Gebet um den

Heiligen Geist, Bitten und Flehen vor dem Gnadenthron. »Bekehret euch, bekehret euch; warum wollt ihr sterben, ihr vom Hause Israel? So wahr ich lebe, spricht der Herr, Herr, ich habe keinen Gefallen am Tode des Sünders, sondern daß er sich zu mir bekehre und lebe.« Der Herr ist gnädig und barmherzig, geduldig und von der großen Güte. Wir wollen zu ihm gehen und sagen: »Bekehre du uns, so sind wir bekehrt; hilf du uns, so ist uns geholfen.« Amen.

Zwei Gebete

1. Bitte um Erhörung

Gott Israels, Gott Jesu Christi, unser Gott für immer und ewig! Hilf uns nun durch Deinen Heiligen Geist, uns Dir recht zu nahen in tiefster Verehrung, aber nicht in knechtischer Furcht; in heiligster Freimut, doch ohne Vermessenheit. Lehre uns, als Kinder mit dem Vater zu reden und uns doch als Geschöpfe vor dem Schöpfer zu beugen.

Unser Vater, wir möchten Dich als erstes fragen, ob Du etwas wider uns, Deine Kinder, hast. Haben wir etwas Falsches von Dir erbeten, und hast Du uns gegeben, worum wir Dich bedrängt? Wir wissen es nicht, aber es mag geschehen sein; und nun sind wir wegen unserer vermessenen Gebete in einer schwierigeren Lage als vorher. Nun kann es sein, daß irgendeine Freude der Schöpfung uns näher ist als unser Gott; wir wären besser ohne sie geblieben, hätten uns besser an unseren Gott gehalten und in Ihm unsere Freude gesucht. Doch nun, Herr, in dieser Gefahr, gib uns die Gnade, daß wir uns nicht von Dir abwenden!

Wenn unser Los nun anders ist, als Du es uns zugeteilt hättest, wären wir weiser gewesen, schenke uns dennoch, daß wir lernen, uns auch jetzt recht zu verhalten, damit nicht die Gnaden, die Du uns erwiesen hast, zu Stolpersteinen werden, und die Gewährung unseres Herzenswunsches uns zur Versuchung. Wir wollen Dir gerne danken für die vielen Gelegenheiten, bei denen Du unser Gebet nicht erhört hast, weil Du uns sagen mußtest, daß wir das Falsche erbeten hatten und es deshalb nicht bekommen konnten. Und wir wollen Dich ein für alle Mal bitten, daß so oft wir Unrecht bitten, es Dir in Deiner großen Weisheit und Liebe gefalle, uns unseren Wunsch abzuschlagen.

O Herr, wenn wir Dich einmal bestürmen, ohne bereit zu sein, davon abzulassen, höre uns nicht, bitten wir Dich; und wenn wir Tag und Nacht bei Dir um etwas betteln, Du aber siehst, daß wir darin irren, höre nicht die Stimme unseres Flehens, bitten wir Dich. Jetzt, da wir einen klaren Kopf haben, ist es der Wunsch unseres Herzens, daß dies Gebet gilt, solange wir leben: Nicht wie ich will, sondern wie Du willst.

Aber, o Herr, wenn wir zurückblicken, müssen wir voll Dankbarkeit an die vielen Gelegenheiten denken, bei denen Du unser Rufen erhört hast. Wir sind in tiefster Verzweiflung gewesen, und unser Herz war ganz verzagt, und dann haben wir Dich angerufen, und Du hast nie gezögert, uns zu hören. Die Gebete unserer Begier hast Du zurückgewiesen, doch die Gebete unserer Not hast Du erhört. Von allem, was Du verheißen hast, ist nicht ein Gutes ausgeblieben.

Du hast uns reich beschenkt, weit über Bitten und Verstehen, denn es gab eine Zeit, da unser gegenwärtiger Stand uns ganz unerreichbar erschien; und wenn wir zurückschauen, staunen wir, daß die, die zwischen den Töpfen Ägyptens lagerten, nun ein jeglicher unter seinem Weinstock und unter seinem Feigenbaum sitzen; daß die, die in der Verlassenheit der Wüste wanderten, nun in einer Stadt wohnen; daß wir, die wir Verlorene in Lumpen waren, nun Kinder in des Vaters Schoß sein sollen; daß wir, die wir mit den Schweinen lebten, zu Erben Gottes und Miterben Christi gemacht werden sollen. Oh, welch eine Ermutigung haben wir, zu einem solchen Gott zu beten, der Gebete erhört über alle Bitten seiner Kinder.

Gepriesen sei der Name des Herrn auf ewig, sagen wir aus tiefstem Herzen. Amen, gepriesen sei Sein Name. Schon um erhörten Gebetes willen, ja schon um einiger unerhörter Gebete willen würden wir Dich loben und preisen, solange wir sind.

Und nun, Herr, hör auf Deiner Kinder Flehen. Wo ein aufrichtiges Herz größere Heiligkeit sucht, da erhöre Du diese Bitte; oder wo ein zerbrochener Geist die Versöhnung mit Dir sucht, laß es Dir gefallen, jetzt zu erhören. Du weißt, wo gebetet wird, auch da, wo kein Laut zu vernehmen, ja, wo sich keine Lippe bewegt. Oh, erhöre den Zöllner, der sein Auge nicht zum Himmel erheben mag. Erhöre ihn, wenn er ruft: »Gott, sei mir Sünder gnädig.« Erhöre die, die sich zum Tode verurteilt wissen. Laß das Seufzen des Gefangenen vor Dich kommen! Ach, daß Du Frieden und Ruhe jedem bekümmerten Geist gewährest, der nun zum Kreuz aufblicken und Gott in Christus Jesus sehen möchte.

Ach Herr, wenn manche Deiner Knechte um das Los anderer bekümmert sind, danken wir Dir für sie. Erwecke in Deiner Kirche viele Fürsprecher, die für das Wohl Zions eintreten und Dir keine Ruhe lassen, bis Du es gründest und es zur Freude des Landes machst.

Ach, manche von uns haben Dich für unser Land gebeten. Du weißt, wie wir im Verborgenen über die schlimmen Zeiten gestöhnt und geseufzt haben, und Du hast schon begonnen, uns zu erhören, wofür wir Deinen Namen loben und preisen wollen. Aber wir wollen nicht aufhören, für dieses Land zu beten, daß Du von ihm wegnehmest all seine Sünde, daß Du es erlösen mögest vom Fluch der Trunksucht, retten von der Untreue, dem Papismus, dem Ritualismus, dem Rationalismus und jeder Form des Bösen, damit dieses Land ein heiliges Land werde.

O Herr, bewege die Scharen der arbeitenden Menschen, dem Evangelium zuzuhören. Brich ein, bitten wir Dich, in ihre Gleichgültigkeit. Herr, schenke ihnen Liebe für Dein Haus, den Wunsch, Dein Evangelium zu hören, und dann blicke auf die armen Reichen herab, von denen so viele nichts von Dir wissen und ihren eigenen Reichtum anbeten. Der Herr schenke, daß die vielen, für die es keine besonderen Versammlungen gibt, die sich aber in Selbstgerechtigkeit eingehüllt haben, dazu gebracht werden, das Evangelium von Jesus zu hören, damit auch sie, wie sie Armen, zu Christus gebracht werden.

Gott segne dieses Land mit mehr Licht des Evangeliums und mit mehr Leben und Liebe des Evangeliums. Du willst uns erhören, o Herr.

Dann möchten wir für unsere Kinder bitten, daß sie errettet werden. Manche von uns brauchen nicht mehr für die Bekehrung ihrer Kinder zu beten, weil unsere Gebete schon erhört sind. Aber es gibt andere, die Kinder haben, die sie quälen und ihr Herz beschweren. O Gott, rette Söhne und Töchter gottesfürchtiger Leute. Gib, daß sie nicht über ihre Kinder seufzen müssen, wie Eli tat, und wie es Samuel tat; und mögen sie erleben, daß ihre Söhne und Töchter Kinder des lebendigen Gottes werden. Wir möchten bitten für unsere Knechte, für unsere Nachbarn, für unsere nahen und weiten Verwandten, daß alle zu Jesus gebracht werden möchten. Bewirke Du das, o Gott, in Deiner unendlichen Gnade.

Und in unserer Fürbitte möchten wir, getreu Deinem Wort, auch für alle Könige und alle Machthaber bitten, damit wir ein ruhiges und friedliches Leben führen können. Wir bitten auch für alle Völker.

O Herr, segne alle und gedenke aller Länder, die in Finsternis sitzen, und laß sie ein großes Licht sehen. Möge alle Missionsarbeit von überfließendem Erfolg gekrönt sein. Und mögen die Länder, in denen unser Gott schon bekannt ist, stets die göttliche Gegenwart genießen und sich Seines Segens erfreuen.

Und nun, Vater, verherrliche Deinen Sohn! Verherrliche ihn, in dem Du durch sein kostbares Blut Vergebung austeilst. Vater, verherrliche Deinen Sohn, in dem Du den ewigen Geist aussendest, um Menschen zu überzeugen und zu Seinen Füßen zu bringen. Vater, verherrliche Deinen Sohn, in dem Du Deine Heiligen mit Gaben und Gnaden ausstattest und sie in Sein Bild verwandelst. In dem Du all seine Erwählten versammelst und sein Reich und sein Kommen herbeiführst, Vater, verherrliche Deinen Sohn! Dies ist unser höchstes Gebet: »Verherrliche Deinen Sohn, damit Dein Sohn Dich verherrliche«, und dem Vater, dem Sohn und dem Heiligen Geist sei Ehre für immer und ewig. Amen.

2. Die Liebe ohne Maß und Ende

Herr, Dir möchten wir uns nahen, komm Du zu uns! Zieh uns, und wir eilen Dir nach. Gesegneter Geist, hilf unserer Schwachheit, denn wir wissen nicht, wofür wir beten sollen. Komm, Heiliger Geist, und gib uns rechte Gedanken und Worte, damit wir gemeinsam beten können und jeder einzustimmen vermag. Dankbar erinnern wir uns daran, daß, wenn Dein Diener im Heiligtum für irgendeinen von uns nicht beten soll, Einer da ist der die Namen all Seiner Erlösten auf Seiner Brust und Seiner Schulter trägt. Er wird mit der Liebe Seines Herzens und der Kraft Seines Armes alle vertreten, die zu ihm gehören.

Unser Erlöser, wir stellen uns unter Deinen heiligen Schutz. Sei unser Anwalt beim Vater, bitte heute für uns, ja, sprich für die Übertreter. Wir wollen den Namen des Herrn von ganzem Herzen preisen, alle, die wir die Hilfe des Herrn geschmeckt haben. Wahrlich, Du hast uns aus der finsteren Tiefe der Verzweiflung errettet, darinnen wir elenden Sünder lagen. Aus der schrecklichen Grube und dem verderblichen Schlamm hast Du uns herausgezogen, hast unsere Füße auf einen Felsen gestellt; und das neue Lied, das Du in unseren Mund gelegt, soll nicht verstummen, sondern wir wollen lobpreisen den Herrn, dessen Güte auf ewig währet.

Wir danken Dir, Herr, für die Liebe ohne Anfang, die uns vor Grundlegung der Welt erwählte, für die Liebe ohne Maß, die sich unserer Erlösung verschrieb, für die Liebe ohne Fehl, die, als die Zeit erfüllet war, in der Person Christi erschien und unser Heil vollendete, für die Liebe, die sich nie verändert hat, auch wenn wir davongelaufen sind; die Liebe, die treu bleibt, selbst wenn wir untreu sind.

O Gott, wir preisen Dich, daß Du uns bis zu diesem Tage gehalten hast und wir Gewißheit haben dürfen, Du wirst uns niemals loslassen. Manche können bezeugen: »Er erquicket meine Seele«; sie waren in die Irre gegangen, weit in die Irre, aber Du hast sie zurückgebracht.

Herr, bewahre uns davor, in die Irre zu gehen, dann werden wir singen: »Ihm, der uns vor dem Stolpern zu bewahren und uns mit überströmender Freude fehlerlos Ihm dazubringen vermag.« Gelobt sei der Herr, der Herr sei gepriesen aus tiefster Seele. Preis sei dem Vater, dem Sohn und dem Heiligen Geist, dem Dreieinigen. Gelobt sei der Herr für jeden Dienst, den uns die göttlichen Personen erwiesen, und für den göttlichen Segen, der auf uns herabgeströmt durch jeden jener gnädigen Namen, mit denen sich der Vater, der Sohn und der Heilige Geist uns geoffenbart.

Allzeit ist uns nach Singen zumute; wir möchten unsere Harfe von den Weiden nehmen, wenn wir sie dort hingehängt haben, und wir möchten jeder Saite die schönste Melodie des Lobes des Herrn, unseres Gottes, entlocken. Doch, Herr, wir können nicht mit Preis schließen, denn wir müssen mit dem demütigen Bekenntnis der Sünde vor Dich treten. Wir verdienen nicht die kleinste all dieser Gnaden; wir können nicht sagen: »Er ist es wert, daß du ihm das erzeigest«, nein, wir sind ganz und gar unwert, und Deine Gaben schenkst Du nach dem Reichtum Deiner Gnade, und auch dafür preisen wir Dich.

Herr, vergib uns all unsere Sünde. Mögen die, denen Du Vergebung geschenkt hast, sich neu ihrer Annahme in dem Geliebten bewußt sein. Wenn irgendeine Wolke Dich vor einem gläubigen Auge verborgen hat, nimm diese Wolke weg. Wenn wir uns bei unserem Gang durch diese Welt, die so voll Schmutz ist, befleckt haben, lieber Heiland, dann wasche unsere Füße mit jenem gesegneten Bad, und dann sprich zu uns: »Ihr seid ganz rein.« Mögen wir es erfahren, daß es keine Verdammnis gibt, keine Trennung; daß die trennende wie die zerstörende Macht der Sünde gebannt ist und wir in die Gemeinschaft mit Gott eintreten können. Mögen wir im Licht wandeln, wie Gott im Lichte ist, und Gemeinschaft mit Ihm haben, weil das Blut Jesu Christi, seines Sohnes, uns von aller Sünde reinigt. Möge keines Deiner Kinder sein Gewissen mit toten Werken belasten, und möge unser Gewissen von toten Werken gereinigt sein, damit wir dem lebendigen und wahren Gott dienen.

Und noch eins, Herr: Wenn unter uns solche sind, die, nachdem sie sich zum Glauben bekannt, durch irgendeine Form der Sünde in die Irre gegangen sind, Herr, führe sie wieder zurück. Wenn sie gefallen sind durch starken Trunk, wenn sie gefallen sind durch Unreinheit, wenn sie gefallen sind durch Unehrlichkeit, wenn sie ihre Gewänder auf irgendeine Art befleckt haben – o Herr, dann bringe sie in Deiner großen Gnade zurück, und führe sie wieder zu Deinen Kindern. Aber gib sie nicht auf, verfahre mit ihnen nicht wie mit Adama, mache sie nicht wie Zeboim, sondern laß es Dich ihrer gereuen und erbarme Dich ihrer, und gib, daß sie sich bewegen lassen und mit Weinen und Flehen umkehren und Dich finden, einen Gott, der zu vergeben bereit ist.

Weiter bitten wir Dich, unseren Vater, an diesem Tag Dein Werk in unserem Herzen zu vollenden. Wir sind erlöst, aber wir möchten frei sein von der Sünde in jeder Form und jedem Maß; von Sünden in unserem Inneren, deren wir uns kaum bewußt sind. Wenn irgendwelcher Stolz in uns schlummert, den wir nicht merken, irgendein Unglaube, von dem wir nicht wissen, wenn wir uns an die Kreatur gebunden haben, Götzendienst treiben, ohne es zu wissen, dann bitten wir Dich, Herr, in uns hineinzuleuchten und das Böse ans Licht zu ziehen und dann von uns zu nehmen. Wir wollen nicht damit zufrieden sein, uns die Sünde vergeben zu lassen, sondern wir bitten: »Schaffe in mir, Gott, ein reines Herz und gib mir einen neuen, gewissen Geist.« Hilf uns in unserem täglichen Leben, in unseren Familien, in unseren Beziehungen als Ehemänner und Ehefrauen, Eltern und Kinder, Herren und Knechten, in unseren Geschäftsbeziehungen mit unseren Mitmenschen, in unserem Handeln in der Kirche Gottes; laß uns wahrhaftig, aufrichtig und rein sein; bewahre uns vor der großen Übertretung, indem Du uns vor den kleinen bewahrst.

Ach, daß wir doch Christus verherrlichten! Bewahre uns, wir bitten Dich, vor einer allgemeinen Frömmigkeit. Gib uns die besondere Gnade eines auserwählten Volkes. Laß uns in Christus bleiben; laß uns nahe bei Gott leben. Laß die leichten Freuden der Welt keine Macht über uns gewinnen. Laß uns so in der Gnade wachsen, daß uns das kindische Spielzeug der Welt nicht mehr bezaubern kann. Ach, laß uns Dir dienen, und vor allem, wir haben Dich schon darum gebeten, und wir bitten dich erneut, gebrauche uns zur Rettung unserer Nächsten! O Herr, so lange leben wir schon, und doch sind unsere Kinder noch unbekehrt? Mögen wir nie ruhen, bis sie wahrhaft errettet sind. Haben wir schon lange im Geschäftsleben gestanden, und doch haben die Menschen um uns herum noch nichts von unserem christlichen Wesen gemerkt? Haben wir ihnen nie das Wort des Lebens gesagt? Herr, wecke in uns eine tiefe Sorge für alle, mit denen wir von Tag zu Tag in Berührung kommen. Mach uns alle zu Missionaren zu Hause oder auf der Straße, in unserer Werkstatt, wohin uns die Vorsehung auch gestellt hat. Mögen wir dort als Lichter in der Welt scheinen.

Herr, erhalte uns auf rechtem Wege. Erhalte uns treu in der Lehre, treu in der Erfahrung, treu im Leben, treu im Wort, treu in der Tat. Lege uns quälend die vielen aufs Herz, die auf dem Weg zu dem ewigen Feuer sind, von dem unser Meister gesprochen hat. Herr, rette sie! Herr, rette sie! Halte, wir bitten Dich, die Fluten der Sünde auf, die über die Straßen von London strömen; reinige das tote Meer der Sünde, in das so viele der Heiden getaucht sind. Ach, daß doch der Tag käme, an dem der Name Jesu in jeder Familie bekannt ist, an dem jeder Seine Liebe, Seinen Tod, Sein Blut und Seine reinigende Kraft kennt. Herr, rette Menschen, sammle die Schar Deines erlösten Volkes: laß die, die der Vater Christus gegeben hat, aus den Ruinen des Falles herausgebracht werden und Seine Freude und Krone sein. »Laß die Völker Dir danken, o Gott, ja, laß alle Völker Dir danken.« Laß die Enden der Erde Ihn fürchten, der starb, um sie zu erlösen. Laß die ganze Erde erfüllt sein von der Herrlichkeit Gottes.

Dies ist unser großes Gebet, und wir schließen es ab mit der Bitte: Komm, Herr Jesus, komm, Herr, und säume nicht! Komm in der Fülle Deiner Macht und dem Glanz Deiner Herrlichkeit! Komm bald, ja, komm bald, Herr Jesus. Amen.

Weitere Bücher von

Charles Haddon Spurgeon

im Oncken Verlag Wuppertal und Kassel:

Tauperlen und Goldstrahlen

Tägliche Andachten
388 Seiten, gebunden

Auf dein Wort

Andachten für jeden Tag
381 Seiten, gebunden

Kleinode göttlicher Verheißung

Andachten für jeden Tag des Jahres
376 Seiten, Leinen, und
als Miniatur-Dünndruckausgabe, in flexiblem Plastik

Sein Haus hat offene Türen

Einladung zum Glauben
48 Seiten, kartoniert

Es steht geschrieben

Die Bibel im Kampf des Glaubens
96 Seiten, kartoniert

Es ist vollbracht

Christi Worte am Kreuz
112 Seiten, kartoniert

Aus der Schatzkammer Davids

Die Botschaften der Psalmen als Auslegungen
ca. 520 Seiten, kartoniert

Ein Gramm Glauben wiegt mehr als Berge von Philosophie

Aphorismen
88 Seiten, kartoniert

Im R. Brockhaus Verlag Wuppertal:

Ich bin der Herr, dein Arzt

Worte des Trostes für Kranke, Betrübte und Notleidende
96 Seiten, R. Brockhaus Taschenbuch Bd. 222